JN087882

道徳経悟道心得

趙　妙果 著

田畑治樹 訳

趙　妙　果

1949 年、江蘇省常熟生まれの漢族人。教師。生命哲学を熱愛し、中でも『道徳経』に対して独特ですぐれた見解があり、『道徳経』を人類の生命路線を誘導し、やすらいで調和する社会の根底を建設するものと見なした。『道徳経』を学んで活用することを率先して提唱し、自身もそれを広範囲に実践し多くの人々を救っている。

1990 年代末には老子の道徳文化をタイ国に伝え、その道徳文化を世界に結び付け、『道徳経』が中国との掛橋であることを広く知らせた。

〔著書〕
『人類自然回復の道』
『道徳経を学ぶ』(明徳出版社既刊)
等多数

上 ── 趙妙果と趙淑芬（左）姚美診（右）

中 ── 世界老子文化城の集会場

下 ── 講義の準備完了

上───世界老子文化城庭園
中左──世界老子文化城学生宿舎
中右──文化城宿泊棟からの朝焼け
下───皆で道徳信息拳操をする

自　　序

　老子の『道徳経』は宇宙の大道、天の道、聖人の道の運化法則を明らかに示し、内容は自然、哲学、政治、軍事、人文、芸術など多領域を含んでいる。『道徳経』は中国思想文化史において一つの翡翠の真珠であり、この一冊は万事万物が融通して持っている「生命が使用するマニュアル」であるばかりでなく、世界和平及び人類文明が進む過程の一つの灯台でもある。

一、老子という人物について

　老子の一生は一つの迷で、歴史によると安徽か江南あるいは甘粛の人とする諸説があるが、職務は周の図書館の官吏であった。史学家司馬遷は疑問を残す書き方で『史記』に次の七つの可能性を挙げている。

一、老子は楚の苦県（河南省）厲郷、曲仁里の人である。姓は李氏、名は耳、字は聃といい、周の図書館の官吏であった。

二、孔子が周に行った時、老子に礼について質問すると老子は、「あなたのいう古の聖賢などは骨と一緒に朽ち果ててしまい、ただ、その言葉が残っただけだ。また君子というものは時を得れば馬車を乗り回す身分になれるが、時が得られなければヨモギの種が風に飛ばされてさまようようなものなのだ」と言った。孔子はその場を去って弟子たちに「鳥がよく飛び、魚がよく泳ぎ、獣がよく走ることは私も知っている。走るものは網で捕えられるし、泳ぐものは釣り糸で捕えらえる。飛ぶものは矢で捕

えることができる。だが龍になると、風雲に乗って天に昇って
いく姿を知ることはできない。私は今日、老子に会ったが、彼
は龍のような人物だった」と言った。

三、ある人が、「老莱子^{ろうらいし}は楚の人である。著書が十五篇あって道家^{どうか}
の用について述べ、孔子と同時代を生きた人だった」と言った。

四、老子は道と徳を修めたが、その学問は自らの才能を隠して名声
を求めようとしないものであった。長く周にいたが周が衰えた
のを見て、遂に周を去って関（函谷関）に至った。関令の尹喜^{いんき}
は「先生は今正に隠遁しようとしていますが、何とか私のため
に著作を書いてください」とお願いした。そこで老子は上下二
篇の書物を書いて、道と徳の意義について五千余字の文章を残
して去って行ったが、老子のその後については誰も知らない。

五、老子は百六十歳有余、或いは二百歳以上まで生きたとされるが、
道^{どう}を修めることで寿命を長く養ったからだろう。

六、孔子の死後129年経ってから史官の記録に、周の太史である儋^{たん}
が秦の献公に謁見して、「秦と周は合併してから500年で離れ、
それから70年して覇王になる者が秦に出現する」と話したこ
とが書かれていた。ある人は儋こそが老子だと言い、別の人は
違うと言う。世間ではそのどちらが真実なのかを誰も知らない。
老子は隠れた君子なのである。

七、老子の子は名前を宗といい、宗は魏の将軍となり、段干（魏の
邑）を封じた。宗の子は注、注の子は宮、宮の玄孫は仮である。
仮は漢の孝文帝に仕えた。

　2003 年 1 月 19 日、考古学者は陝西省宝庭鶏市眉県楊家村の穴蔵から出土した 27 点の青銅器文物から、単逨が『道徳経』の作者の老萊子（ろうらいし）であると認めた。これらの貴重な文物の中から、単逨は当時四つの職を兼任していたことが分った。一つは、軍権を掌握し、南北を征伐して国を防衛する武人としての生涯を送った統帥である。二つは国土四方の農林業を発展させ、宮廷王室と民に野山の物産を享受させた農林大臣である。三つは単逨に命じて天子の九鼎の礼を超えた「十鼎」を作らせ、単逨を朝廷の首席の官とし朝廷の「歴人」に冊封し、朝廷と民間の大臣の選抜と使用を監察させた。四つは周王朝の立法のため、国家の法律法規などの重要な典籍を整理改訂した責任者である。王権を超える権力を手に持った単逨は当時、周の宣王の旨を受けてこの『道徳経』を書いた。

　二千数百年近く前に老子が著した『道徳経』は、道を以て核心と為し、独特かつ完全な宇宙観、社会観と人生観の哲学体糸を構築した。後世の子孫に『道徳経』を残した歴史上の偉大な作者に感謝したい！
　彼が何者で、何時、何処で『道徳経』を書いたにしろ、老子は中華文化と世界の人々のために何ものにも代え難い思想文化の宝を残したのである！

二、『道徳経』を学び活用する社会的実践とタイにある文化城

　私は 1990 年代に『道徳経』と切れない縁で結ばれた。当時私の身体には深刻な問題が生じていて、様々な方法を探してはみたものの解決する方法がなかった。しかしその後ついに『道徳経』に出合ったのである。何回か『道徳経』を朗読した後で、ゆっくり読み始めてみたら自分のことが分かるようになった。自分の閉鎖的で狭量な利己的一面に気付いて、胸の底から嬉しさがこみ上げて来たのである。数年間

病気で苦しんだ私は一気に解放され、心身共に健康で気持ちが良くなった。そのため、私は『道徳経』をあらゆる縁のある人々に広めることを願ったのである。

　その当時私の『道徳経』を学び活用する社会的実践は人体の健康機能を開発することを突破口として、さらに『道徳経』を基に編み出した養生拳操舞（太極拳を基礎としている）を加えた後に『道徳経』そのものの学習を取り入れた。この間、私は中国航空部、中国国防科工委、中国科学院、中国社会科学院、中国軍事科学院、清華大学、北京大学、航天大学、復旦大学などから招かれて学びを進め、『道徳経』の学用（学び活用する）を通して感悟を共有し交流したが、良好な社会的効果も得られたのである。

　『道徳経』の学用を広めることに参加した主要な人たちは、知識人、先生、教授、高度の技術者等で、彼らは生命科学に深い興味を持ち、心身の健康の効能には独自に感応するところがあった。多くの人が『道徳経』の学用から心身の健康を獲得し、自己が完善であることを内観から学び、度量が大きくなり人間関係を改善し、愚痴を減らし、幸福度を上げることができた。その上多くの先生方は老子の道徳文化を広める役割の人になったのである。彼らは情熱と友愛、着実な仕事、積極的な貢献等により、社会にポジティブなエネルギーを広める人たちである。このような活動から十分明らかになったことは、道徳文化とは中華文化の血筋の伝わったものであり、中国の人に深く好まれていて、多くの人を育成してきたことである。更に『道徳経』の学用は心身を浄化する功能があるばかりでなく、生命の情熱が開花し放たれることも担っていることである。

　現在の私は活動の拠点をタイのカンチャナブリーに置いている。1996 年、私と妹ら三人はタイに到着し、あるご縁でタイ国籍華人の李汝添先生と知り合ったのである。私たちと李汝添先生は『道徳経』

について話し合ったが、私たちは久し振りに出会った古い友人のようだった。李汶添先生は老子の道徳文化が広くて深いことにまったく感服し、心身共この上ない解放感と健康感を得て、さらに中国老子の道徳文化をより多くの人に広めることを願ったのだった。李汶添先生は若い時から世界に愛を伝え、世界を更に美しくするという大きな理想があり、心から望んで『道徳経』の学用を社会に広める奉仕活動に飛び込んだのである。

　李汶添先生はこの直後、タイのカンチャナブリーにおよそ67ヘクタールの土地を買い、それを私に寄付するために契約書を携えて中国へやって来た。しかし、私は彼に「私は個人としてこの土地を受け入れません。これをこの時代とこの世界に寄付しましょう。老子の道徳文化は値段の付けようのないものだから、人の生命の宝物です。私たちはこの宝物を世界に広めていくという、辞めることの許されない責任を持っているのです」と話したのである。

　1997年11月、「タイ国道徳信息慈善会」は正式に成立し、李汶添先生は初代会長に就任した。彼の影響で活気に満ちた華僑後裔も惹かれてやって来て、老子の道徳文化を広める奉仕者になったが、その中に李汶添先生が特別に推薦した馬勝徳先生がいた。馬勝徳先生は台湾で生まれ、かつてタイ国台湾会館主席を務め、タイ国台湾会館の永久名誉主席である。2011年11月、「タイ国道徳信息慈善会」は、「世界老子道徳慈善基金会」に改名し、馬勝徳先生は会長を引き継いだのである。

　世界老子道徳文化城（略称：文化城）は1999年から建て始められた。初期の文化城は茅葺の小屋だった。その当時伝播の中心はこの粗末な茅葺の小屋であり、文化城へ来る人たちはテントに住んでいた。2000年7月、文化城は第一期工事の建設を始め、2008年4月に第二期工事に引き継がれ、2009年4月に完工した。工事が順調に完成出来たのは、李汶添先生と馬勝徳先生の公正無私な全力的貢献、及び老

子道徳文化を熱愛するタイ国友人の推進のおかげなのである。文化城の完成に伴い、老子の道徳文化を熱愛する人たちが各国からやって来るようになった。

文化城が所有する土地、建築物、収入源は全て創建、維持、道徳文化の伝播等に使用することとし、いかなる個人の所有物ではないことは法律文書に書かれている。法律文書の中にある声明は「文化城の全ての収入は社会から生じ、それらを社会に戻して奉仕する。老子の道徳文化はタイ国人民に属し、さらに世界の人民に属する」である。

世界老子道徳文化城は中国の智慧に充ちている。包容的かつ開放的であり、まったく新しい視点で世界各国の友人たちを惹きつけ、老子の道徳文化を共に享受している。現在文化城の面積は約134ヘクタールであり、その運営機構はタイ国政府が認定した「世界老子道徳慈善基金会」である。（略称は道徳慈善基金会）この20年間、道徳慈善基金会は老子の『道徳経』の文化を広めることに尽力し、タイ国の多くの学校、国有企業、病院、銀行と社会の各階層に沢山の愛の物語と生命の奇跡を届けてきた。現在、道徳慈善基金会の運営に奉仕するタイ国のボランティアは、第一世代から始まり、第二世代、第三世代の中華系子孫に引き続がれている。これらのボランティアの多くは、自国か欧米で高等教育を受けた人たちであり、実業界で活躍しながら道徳経の文化伝播に活躍している。

老子の道徳文化は異国のタイで20年の風雪を経て各界の歓迎を受けているが、これは願っても無い天の時、敷地がルビー鉱脈の上にあるという地理条件、人の和を集められた熱意等の総合的な要因にある。文化城はまさにタイ国華僑が私心なく提供したもので、中華系ボランティアが情熱を持って運営を担当しているのであり、中国とタイの友好がそこにある。そのため、私たちは世界老子道徳文化城を世界に結び付ける橋として世界に向けて開放し、老子の道徳文化を世界の平和

発展のために重要な役割を発揮させたいのである。『道徳経』の尽きることのない智慧は世界の中心に向かうべきであり、世界は私たちのたゆまぬ努力によって更に美しいものになると信じている。

三、『道徳経』は世界各国で崇高な名誉を得ている

　老子の『道徳経』は世界各国で崇高な名誉を得ているが、中国と世界の巨大な精神的財産である。オランダ・ライデン大学シタンジン教授は、「『道徳経』は稀な本であり、欧米の文化はそれから新しい動力と活力の源泉を得ることができる」と話している。アメリカハーバード大学ジョン・コッタ一教授は、「『道徳経』は最も価値のある人の行動に関する教科書である」と考えている。ドイツ人のユリウス・マイヤーは、「老子は未来を動かす能力を推進し、如何なる現代的なものと比べても一層現代的な意義を持っているし、如何なる生命と比べても一層活力がある」と指摘した。アメリカの歴史家ウイリアム・ダラントは、「『道徳経』は最も魅力的な奇書である」と考えた。ドイツの哲学者ニーチェは、「老子の『道徳経』は、永遠に枯渇しない井戸の泉のようであり、宝物で満載だ」と認識した。アメリカの学者蒲克明^{ほこくめい}は「今後『道徳経』は一家所伝の本になるであろう」と預言している。このように世間から重要視され、高く評価されている所以は、『道徳経』が歴史上の大変古く、最も系統的な最初の「大成智慧学」だからである。

　政治において多くの国の指導者は、「和諧（やすらいで調和すること）社会」と「和諧世界」を構築したいなら、『道徳経』の中にある政治の智慧を上手に探さなければならないと指摘している。シュミット元ドイツ大統領は、「ドイツの全ての家庭は、中国の『道徳経』を買って人々の思想上の困惑を解決する手助けにしよう」と呼びかけた。

レーガン元アメリカ大統領は、『道徳経』の「大国を治めるには、小魚を煮るようにする」という治国の名言を引用し、それを以て治国の理念と方策を追求した。藩基文元国連事務総長は、老子の『道徳経』を高く評価し、「天の道は利して害さず、聖人の道は為して争わず」の名言を引用し、この不朽の哲学的智慧を国連の業務に応用できるように努めた。

　経済においては、現代市場経済から発生した問題を解決しなければならず、そのためにも『道徳経』から経済を発展させる哲学的智慧を探す必要があるだろう。イギリスの哲学者クラークは、「現代自由経済市場の原理は、まさに老子の無為にして治めるに由来する」と考えている。

　現在、世界規模で「道商」と言う経済文化組織が静かに出現している。所謂「道商」とは、道学的な弁証思惟と哲学の智慧を以て、事業経営を管理する商人のことである。フランスのアルストム総裁アンリ・ラファルジュは、「中国で商売をするには『老子』を理解しなければならない」と言明している。かつてフォーチュン500強の最高執行役員ジェームズは、『道徳経』を新世紀のビジネス理論として尊重した。オースリアの経済学者ハイエクは、『道徳経』の中の「私が自然の法則に従って事を為せば、人々は自然に帰し、私が私欲を捨てて淡白にしていれば、人々は自然に品行が正しくなる」の視点は、まさに自発的な秩序理論を経典が述べたものであると考えた。アメリカマイクロソフト社創立者ビル・ゲイツは、「天の道は余ったものを減らし、足りないものを補う」の思想に基づいて、社会公益慈善事業に従事している。米国GE社前総裁ジャツク・ウェルチは、老子の「道を為せば、日に損す」の思想から、「無為のやり方的な簡単な管理」を提唱している。

　科学技術上の発展も老子の『道徳経』からインスピレーションを取り込んでいる。イギリスの科学者ホーキング博士は、老子の「天下の物は有より生じ。有は無より生ず」の思想の奥にあるものを示して、「宇宙は無から創生した」とする理論を提出した。アメリカの物理学者ジョン・ホイーラーが提出した「飾り気のない原理」と、老子の述べた「道」の質朴性とは謀らずとも一致している。アメリカ籍の華人李政道が量子力学の中に見出した「不確定性原理」と、老子の「道の道とすべきは、常の道に非ず」の思想は、共に一致している所があると考えた。日本の農学者福岡正信は自己を称して老子の「道は自然に従う」にあるとし、その偉大な命題から「自然農法」の理論を提案した。

　これらのことから老子の『道徳経』はすでに国の境界を越えており、世界各国の政治家、哲学者、科学者、企業家等の各々の領域で高く評価されている万物の生命を融通に導く経典である。

四、私たちの責任は和諧することにある

　『道徳経』が説くのは宇宙の法則、社会の法則、人生の法則である。『道徳経』を学び用いることの重点は、『道徳経』の中で述べられている宇宙観、社会観、人生観を理解し自覚して、さらに私たちを大自然、国、平和、生命を熱愛するように導くものである。私たちは多くの企業家や学者等各界の名士が『道徳経』を学び用いて得た啓示を通して、老子の思想をはっきり捉えることができるのである。老子の言う道と徳は、もともと人間の血の中に流れている根と魂である。つまり、私たちは数千年来の老子哲学の成果を簡約化し、実用化し、人々が生活していく上で仕事や社会との交流にまつわる問題に出会った時、社会の価値観に従って、『道徳経』の中から私たちが必要とする方法論と力量の源泉を見つけることを奨励します。

私たちが提唱する『道徳経』の学用とは、『道徳経』の朗読を通して私たち個人の生命が、『道徳経』が指し示す宇宙の本源、規則、品質の広大な客観的体系の学習の中で、一歩一歩知識と道理を動員し、洞察と理解を通して自分が健全に成長できる空間をはっきり知ることである。私たちは世界上のすべての運動の中に見られる、私たちの身に起こるすべての事象、私たちの身体、感情、考え方、及び感知する社会ないし世界全体に至るまで、すべては一種の生命的運動なのである。従って『道徳経』の学用は、小さな家の中にあって一人で修めるものではなく、国の運命、社会の和諧、企業の和諧、家庭の和諧、世界の和諧、天地万物の和諧へと繋って修めるものなのです！

　宇宙、大地、国、企業、家庭は生命体であり、万物は同一体であり、常に感謝し畏敬する心は自己の生命体を滋養する。私たち人類が生活する世界はひとつで、人類と万物とは密接に関係していて、人類と天地は同一体でありそのすべてを担っているのが「道」なのである。「道」は一切の関係の基礎で、「道」は宇宙、生命、万物を創造して私たち一人一人に存在の意義と目的を与えた。だから人として私たちは、自分の父母と家庭を共に維持し、自分の家人と父母を愛さなければならない。また、人として私たちは、育ててくれた風土と国に対して責任があると共に、世界との和諧を維持する責任もあるのである。何故なら全ての人類は運命共同体であるからだ。

　私たちは社会、企業、家庭、心身と和諧（やすらいで調和すること）する責任があり、すべての和諧を推進する最高責任者なのである！豊かな国や社会の安定は家々を安康にさせ、人々の幸福と安寧は国の豊かでしっかりした文明から切り離せないものである。このように国が大衆社会と繋がり、人々のために奉仕することが自然大道と繋がることになるのだが、世界を見渡すとそれは未だ進行中であり完成していないのだ！　「国を愛し、平和を愛し、大自然を愛し、生命を愛す

る」ことを実践しよう！　これを毎日行っても何の違いも見えないか
もしれない。月毎に見ても差は僅かだろう。毎年違うように見えても、
大した差は見えないかもしれない。しかし、五年毎に見てみると、そ
れは身体の構造と精神状態にとって大きな分かれ目になる。十年後、
二十年後、三十年後、四十年後に見た時、今までの人生とは考えられ
ないほど変わっているのかもしれない！

2019 年 5 月　趙　妙果

目　次

本　　文

第1章　一切の微妙な事物が生み出される奥深い門

<ruby>第<rt>ディーイージャン</rt></ruby><ruby>一<rt></rt></ruby><ruby>章<rt></rt></ruby>　<ruby>衆<rt>ヂョンミアオヂーメン</rt></ruby><ruby>妙<rt></rt></ruby><ruby>之<rt></rt></ruby><ruby>門<rt></rt></ruby>

道可道、非常道、名可名、非常名。
無名、天地之始、有名、万物之母。
故常無欲、以観其妙、常有欲、以
観其徼。此両者、同出而異名、同
謂之玄。玄之又玄、衆妙之門。

　これが道ですと話せるような道は、不変の道ではない。これが名ですと呼べるような名は、不変の名ではない。「無」、これは天地が混沌として未だ開かれていないとき命名されたものである。「有」、これは万物が誕生して初めて付けられた名である。だから、常に心を虚無にした状態であれば、容易に万物の創造に内在する精妙さを見ることが出来、常に実体のある唯物の状態にあれば、万物の表面的な終極の限界を簡単に見ることが出来る。有と無は同じ根源から来ているが、名前は同じではない。すべて奥深く、玄妙である。玄妙の中に玄妙があり、一切の微妙な事物が生み出される奥深い門である。

一、「道」は宇宙本体と根源的な三つの変化の段階を明らかに示している。第一は渾沌の段階で、すなわち宇宙の源である。第二は運化の段階で、すなわち流動する宇宙である。第三は有形の段階で、すなわち人が見ることのできる宇宙である。

二、道は未だはっきりしない「常無」の状態で、黙々として同じもの とて無い生命の版本を生み出している。宇宙の中にあって不可知的な 「常無」に対して、私たちは常に畏れ敬う心と慎み敬う心を持たねば ならない。

三、「常無」は大自然の尽きることの無い恒久の道を体悟させること ができ、あなたは「常無」的な謙虚さを養い出し、また、「常無」は あなたの広大な心を養い出す。……どんな種子を播けば、どんな果実 が収穫できるのだろうか。「常有」はすなわち世間にある万物の個体 的な差異性を観察させ、「常有」は人生のために一筋の歩くことので きる通路を捜し出してくれる。

四、「玄」の字はその中に何にでも通じる能力を埋蔵していて、そこ から顕現するものは神の領域に達している。「神」の初級段階の定義 は「人が行い、天が見ている」であるが、高級段階の定義はすなわち 「天が行い、人が見ている」である。

五、天上、人間、万事万物は本来みな自己の生命の軌跡を有している。 人事を尽くして、天命を待つとは、自然かつ自在に生長することが最 重要なのだと理解することである。

六、生命の衆妙（奥深い）の門を開くため、世界にはただ二つの種子 が存在する。痛苦を用いてあなたに授業を課して、あなたが生命の次 元を拡げるのを助けるのか、それとも幸福を用いてあなたに栄養を与 えて、あなたが願望を持って更に多くの人を助けるかである。

七、性格を変え、天性を明らかにする核心には因果を畏れ敬い、心安 らかに暮らして危機を思い、自我を完善とし、精神を捧げることなど

の法則がある。人がもし天地大道の法則に頻繁に共振すれば、生命中の障害を解き放し、大自在で大平安な衆妙のエネルギーに感応することができる。

八、人類が一つの文明を創造すると同時に、いつも一種の危機が随伴するものだ。同様に一種の危機が到来する毎に、いつも希望が相伴するだろう！

九、この世の中、一人一人にはみな唯一無二の役割があり、私たちが赤ちゃんとして生まれた時から、上天（造物主）は一人一人はみな天下無双であると定められるので、誰とも替わることはできないのだ！
　一人一人が基因する版本は同じものはなく、何故なら一人一人の異なる生命の花は、みなその存在理由があるからである。

十、哲学的な大道は自我の認識から着手することが必須であるが、人が社会的な幸福を得るにはまず最初に自我的な幸福の目標に応じることである。人は生命的な幸福感と獲得感を生み出すべきで、これは老子哲学の最大の特徴である。

第2章　有と無は互いに生まれる

ディーアルジャン　ヨウウーシアンション
第二章　有無相生

ティエンシアジエヂーメイヂーウェイメイ　　スーオーイー　　ジエヂーシャン
天下皆知美之為美、斯悪已、皆知善

ヂーウェイシャン　　スーブーシャンイー　　グーヨウウーシアンション
之為善、斯不善已。故有無相生、

シアンイーシアンチョン　チャンドゥアンシアンシン　ガオシアシアンチン
難易相成、長短相形、高下相傾、

インションシアンホー　チエンホウシアンスイ　シーイーションレンチュー
音声相和、前後相随。是以聖人処

ウーウェイヂーシー　シンブーイエンヂージアオ　ワンウーズオアルブー
無為之事、行不言之教。万物作而不

ツー　ションアルブーヨウ　ウェイアルブーシー　ゴンチョンアルフー
辞、生而不有、為而不恃、功成而弗

ジュ　フーウェイフージュ　シーイーブーチュ
居、夫唯弗居。是以不去。

　人々は「美」と言うものはどういうものかと言うことを知っている。当然「悪」の存在も知っている。人々は「善」と言うものはどういうものかを知っている。当然「不善」の存在も知っている。だから、有と無は互いに生まれ、難と易は互いに補い合い、長と短は互いにそれぞれの位置を占め、高と低は互いに補い合い、声と音は互いに調和しあい、前と後ろは互いに順序を持つ。これは永遠の法則である。だから、聖人は自然の法則に照らして物事を扱い、身をもって言葉の無い教えをして模範を示す。万物はその成長に任せて関与せず、万物を生み育てても誰もそれを所有しない。万物に力を尽くしても見返りを求めない。大きな仕事が達成されてもいつまでもそこに居ない。功績があっても名声を求めないから、その功績は無くなることはない。

◇　　　　　◇　　　　　◇

一、物事にはみな自身と対立する面があり、対立する双方はみな相反し相成している。しかし本源に入って行けば、元の世界には絶対的な正も誤も無いことに気付くだろう。「有」も無ければ「無」も無い。根も無ければ花も無いが、その中に「相生、相成、相形、相盈、相和、相随」があり、私たちを悟道に至らしめ、能力を整合させてくれるのである。

二、「無為に治める」、これは何もしないのではなく、なし終えた後でそれを放下し、功績を天地に帰し、功績をみんなにも帰すのである。「無為」の重要なことは人に永久的な成功を獲得させることに在る。だから骨身を惜しまず追い求めて占有しようとしても、結果はただこれを失ってしまうだけである。

三、善悪正誤は大千世界の異なる生命の形態に単に展示されているに過ぎず、視点が異なれば、見解も異なるのである。あなたの命運はあなた自身の選択に掛かっている。

四、好いことをしても功績に居座らず、功労を社会に帰し、みんなにも帰す。一歩一歩心身に和諧を、家庭に和諧（やすらいで調和すること）を、社会に和諧的な境地を与えるに至ることは、人が行うことの最高の境地である。

五、人と自分の高低、長短、善悪、美醜を比較する必要はない。人生のあらゆる発生事とその経験は、みな私たちを生長させてくれるのだ！

六、生存中に発生するあらゆる事にみな直面するべきで、あなたがますます果敢に現実と直面する時や、ますます感謝し和諧する時は、問題の解決から遠く離れることはない。

七、上天が私たちに試練を与えた時、私たちはそれを受容し、恩に感じなければならない。私たちは必ず自己と対面し、自分で解決するのだ。さもなければあなたに内在するその能力は永遠にやって来ないし、あなたに内在する智慧を本当に発達させる方法は永遠になくなるだろう。

八、人が怒る時は毒素が分泌するはずで、身体を毒で害する。怒りやすい人にとって健康は大変難しく、気持ちが塞がってしまうと、心が塞がり身も塞がるのである。だから、健康を生活習慣とし、健康なことを行い、健康を考え、健康を思えば、身体は自然に健康になるだろう。

九、人は社会に出てある程度の成功を収める。成功しても功績を占有しなければ、その功績は成就する。成功の功績が自己の想いの中にあってはならず、成功の功績は天下の胸中にあるべきなのである。

十、修行は外に在る世界の正と誤を見るのではなく、自分の内なる方向へ歩いて開悟するものである。修行の過程であなたは確実に自己と出会って触れ合うはずで、あなたの自己に目が届き、その結果あなたの自己を探し出し、あなたの自己は完成する。

第3章　無為の妙用

<ruby>第三章<rt>ディーサンジャン</rt></ruby>　<ruby>無為妙用<rt>ウーウェイミアオヨン</rt></ruby>

不尚賢、使民不争。不貴難得之貨、
使民不為盗。不見可欲、使民心不乱。
是以聖人之治、虚其心、実其腹、弱其
志、強其骨。常使民無知無欲、使夫智
者不敢為也。為無為、則無不治。

　ことさら賢者を尊重しなければ、人々は功利を求めて争うことをしないだろう。貴重なものに価値を置くことをやめれば、人々は得がたい品物を求めて盗みをすることはないだろう。欲望を刺激するものを見せなければ、人々の心は混乱しないだろう。だから、聖人が政治を行う方法は、心のレベルを高くし、まずまずの生活ができれば満足し、名利を争う気持ちを弱め、人々の体質を強くする、方法をとる。普通人々は腹黒い偽善的な知識は無く、そうしようという欲望も無い。聡明な人はあえて軽々しくそのような冒険はしない。一切は自然の法則に従って措置するので、どのような処理をしても、良くないことにはならない。

一、道はすべてに関係する基礎なるものであり、道は宇宙を創造し、生命を創造し、万有を創造する。道は私たち一人一人に存在の意義と目的を授ける。しかし道は何も占有しないし、何人も支配せず、何人

も利用しないのである。

二、無知、これを知る者は言わず、博識な者は「大智は愚の如し」を知らず。

三、無欲は決して欲が無いわけではなく、人を盲目にし、耳を塞がせ、口に出鱈目を言わせ、心を狂わせて妨害し、馬を駆って狩らせるような世俗の貪欲を取り除かなければならないということなのである。無為と利他こそが根をしっかりさせて長生きする方法である。

四、無為とは黙々と行い、精進し、成功してもその功労を天地に帰し、国に帰し、みんなに帰す。だから人を陥れる事ばかりを考えてはならず、自然に他を利する事こそ本当のやり方である。

五、人の一生には苦境や不可解な事に遭遇することがあり、すぐさまそれを受け入れることは難しいかも知れない。しかしこの境遇を越えた時、あなたは突然覚るだろう、「これはみな最良の出会いだった」と。

六、もし名のため、功のため、己のため、栄光のために尽くすのならば、人は「賢人」にはなれないのだ。人生で打ち立てた一切の名誉、地位、財産は最終的にはみな放棄する。多かれ少なかれ得たものは、多かれ少なかれ捨てるのである。それ故に表面的な名称は迷惑なもので、心は静寧を必要とし、紛乱は不要である。「賢人」は合道の結果であり、これは「世間はその人を喜んで推挙することを厭わない」の結果である。

七、その位に在っても栄光をひけらかすことなく、みんなの視点に立

てば、みんなは一体感と幸福感を有するだろう。これはまさしく有道<ruby>有道<rt>ゆうどう</rt></ruby>の聖人であり、みんなはあなたに心服し、天地もあなたを尊崇するのである。

八、あなたは今日苦を受け、損をし、責任を背負い、罪を引き受け、痛みを忍ぶけれども、最後にはみな光に変わり、あなたの路を明らかに照らすだろう。命運にはこれまでの巡り巡る紆余曲折の物語があるため、私たちの生命はまさに精彩を放つのだ。生活を通していつもあなたに解答を与えるだろうが、あなたに全てを知らせるものではない。

九、あらゆる紛失は、みな貴重な物がやって来るために空けておく場所になる。あらゆる匍匐<ruby>匍匐<rt>ほふく</rt></ruby>前進は、みな高く跳ね起きる前の熱い身体である。あらゆる支離滅裂は、みな手に入れることが生易しくない円満のためである。

十、『道徳経』の核心は心を修めて、自分に注意を払うことにある。あくまでも自分の心を良くし、明白にし、清めるのだ！　あなたの同僚、あなたの家人、あなたの周囲のすべての人は、あなたのために問題を提供しているに過ぎず、その問題の解決の責任をあなたが負うのである。その結果はまさしく世界が大変良くなり、他の人が大変良くなり、あなた自身も大変良くなるのである。

第4章　道の体は空虚である

第四章　道体虚空
_{ディースージャン　ダオティーシュクウ}

_{ダオチョンアルヨンヂーフオブーイン　　　ユエンシースーワンウーヂーヅン}
道 沖 而 用 之 或 不 盈。 淵 兮 似 万 物 之 宗。

_{ツオチールイ　ジエチーフェン　ホーチーグアン　トンチーチェン}
挫 其 鋭、 解 其 紛、 和 其 光、 同 其 塵、

_{ヂャンシースーフオツン　ウーブーヂーシェイヂーズー　シアンディーヂー}
湛 兮 似 或 存。 吾 不 知 誰 之 子。 象 帝 之

_{シェン}
先 。

　「道」は無であり、形は無いが、陰陽のバランスがとれていて、その効用は果てしが無い。なんと深遠なことか。それは万物の大本のようである。鋭さを鈍らせ、もつれを解きほぐし、光を和らげ、智慧の光を内に秘め、人々と同化する。なんと奥深いことか。本当に存在しているようだ。私はそれが誰の子か分からないが、上帝以前にそれは出現したらしい。

一、道は大自然の母親、万物の母である。道は終極的、彼岸的、人間的である。道は物質的であるが、深邃、広大、柔和でもある。道はすべての法則、すべての本源、すべての力量である。

二、無為、これは私たちに世界を説明させるものではなく、また、世界の在り方を解釈して世界を改造する目的を達成することでもなく、自然を尊重することを提唱し、素晴らしい自然を保全するものである。今日母親としての地球は既に人類が掘り出した累々たる傷痕や、無数の傷跡とできものに耐えているのに破壊はまだ終わらない。更に地震

や津波、全地球的な異常気象を引き起こして私たちに覚醒するように警告しているのだ！　子子孫孫のために私たちは志を立て、自分の全ての力量を地球に献じることを辞さない心構えと愛着心で自然を保護しなければならない。これが大道が私たちに対して所持している人として為すべきことのようだ。

三、人生の平衡（バランス）は、選択する毎に、愛する毎に、清算する毎に、道に順じて行う「知恵のするどさを弱め、知恵によって起る煩わしさを解きほぐし、知恵を和らげ、世の人々に同化する」毎に、勇気を以って敢えてしない毎に、及び「道は空っぽの容器ではあるが、それが活動したときには、一杯になってしまうことはない」毎に在るのだ！　バランスを失ってしまう時もあるが、それはまさにバランスの一部分である。

四、あなたの驕慢な尊大さやギラギラとしたうぬぼれ、それらを殺す手段は何か……それはあなたが自己を打ち砕く人を雇えばよいのである。

五、沈黙には一種の特別な作用があり、一切の喧騒に静息が降りて来た後に、沈黙の作用は依然として続き、見透せるか或いは見えない隔たりがあっても、人の心の最も深い所に直行する。

六、人生における大自在、大円満、大平衡は、実際には堅持と放出を理解することにある。

七、生命は至高無上的で、値段の付かないものであるけれども、是非や正誤による言い争いや懐疑などの感情レベルのことに時間を費やしてしまいがちなので、人生とは最も採算が取れない投資でもあるのだ！

八、吉祥な人が、善語、善見、善行の一日三善行えば、三年すると天は必ず幸福を降ろす。凶悪な人が、悪語、悪見、悪行の一日三悪行えば、三年すると天は必ず災難を降ろす。各々のことを天は知っているので、この授業をしっかりやり終えることが大変重要である！

九、道の最高の境地は無為、事業の最高の境地は後悔しないこと、人生の最高の境地は無欲、処世の最高の境地は無名、幸福の最高の境地は無求である。

十、何処へ行くのだろうか、利他の功徳は天地やみんなに帰す。何処へ行くのだろうか、微笑、賛美、感謝は何処に帯同できるのだろうか。大道の品格である天長地久（永遠に変わらないこと）は行うことの中から出て来るのである。

第5章　偏りなく扱う

第五章　不偏不倚

天地不仁、以万物為芻狗。聖人不
仁、以百姓為芻狗。天地之間、其
猶籥乎。虚而不屈、動而愈出。多言
数窮、不如守中。

天地には仁愛の心というものはない。万物は自然の成長に任せる。聖人には仁愛の心というものは無い。人々に一切を任せる。天地の間はふいごのようではないか？　空っぽであるが枯渇することは無く、動けば動くほどますます生き生きとして休むことがない。言葉が多いと体を損なう、道を行くときは、徳を守るにこしたことはない。

一、世界の万象は揺れ動いて已まず。天地は自発的に自己の不仁を引き受けるが、実は大仁なのである。

二、聖人は自発的に自己の不仁を引き受けるが、自己の不足している所を内観し、自己に虚空を保持させて生命力を更に豊かに盈（みた）す。これは世界で発生する種々の問題は、みな私たちが共同して責任を引き受けるべきであるということである。

三、天地を不言実行の鏡とする。他人を自分の不足を時々検査する鏡とする。中を守ってこそ、初めて大自在、大成功を獲得できる。守中

はまさしく不偏不倚<ruby>不<rt>ふ</rt></ruby><ruby>倚<rt>い</rt></ruby>であり、躁動と多言を防いでくれる。躁動が消えると多言も尽きるのである。

四、人が有する最大の寛容と慈悲は、他の人の善念を大切に守れることである！

五、一生涯苦しみに会わない人はいないが、全て一時の苦しみである。しかし多くの人は一時の苦しみを避けるために、一生涯苦しんでしまうのである。

六、真に人を激励して不断の成功に導くものは賛美と拍手ではなく、その人を絶望的な打撃と挫折の中に置くことである。

七、小さな欠陥によって全体を保てることがある。その小さな欠陥を封じてしまうと、全部倒壊させてしまうのだ！　心にこのことを留めておけば、小さな欠陥によって全体を保つことは最良の処方箋となる！

八、本来重要に見えるものは軽く見え、本来軽く見えるものは重要に見える。多くの人があなたの生活の中に踏み込んで来るが、単にあなたの上に一課程を与えるに過ぎないので、そこではじめて身を転じてあなたから離れて行くのである。

九、大道の功能はまさしくバランスであり、大道に別なものはなく、愛なのだ。人の存在の目的は無条件の愛を発現することである。

十、天地は大きなふいごであり、人体は小さなふいごである。内部が虚<ruby>虚<rt>うつろ</rt></ruby>なふいごの作用が炉の火を旺盛にするように、生命の秘奥は虚空に在るのだ。虚<ruby>虚<rt>きょ</rt></ruby>は谷の品徳を抱いているので、生命を更に富ませ、生命

力を更に強大にするだろう。

第6章　天地の根本

第六章　天　地　之　根

グーシェンブースー　シーウェイシュエンピン　シュエンピンヂーメン
谷 神 不 死、是 謂 玄 牝。 玄 牝 之 門、

シーウェイティエンディーゲン　ミエンミエンルオツン　ヨンヂーブーチン
是 謂 天 地 根。 綿 綿 若 存、用 之 不 勤。

　気が体に入ることを命の元神といい、死ぬことがない。これを生命の始まりと呼ぶ。微妙な生命が始めて形を授かった処、自然の道が天地の霊気の基礎を授けたと言う。それは綿々として絶えること無く、あたかも存在しないかのようであるが、その作用は窮まり尽きることが無く、永遠に常に新しい。

一、大自然の中に死亡という存在はなく、一個の生命の終りは新しい段階に入ることである。つまり生命には終わりがあるけれども、死亡があるわけではない。これは物質不滅の法則であり、エネルギー不変の法則である。

二、大道は人に最も美しい祝福を与えて、人に自己を成立させるのだ！一人一人にはみな手順があり、一人一人はみな自分だけの生命路線図を持っている。

三、「谷」は大道の精神であり、それは谷のように虚を抱いている。「谷」は成果を出しても依然として謙虚で低い所に位置し、あらゆる人に陽光と温暖を感受させている。そして谷神の虚の性質が働いて、

霊動性、隠微性、恒久性、不思議性を具有している。

四、異なる心霊のレベルから異なる人生の命運が育てられる。心霊のレベルが谷神の大道の品行に近づけば近づくほど、生命の運行はますます融通無碍になるのだ！

五、無数の川を飲み込んでも平然としている海のような精神を修めると、生活の中にある沢山の不愉快な事情を解きほぐすことができる。人の心霊を空に放つことは、発展の余地があって窮め尽くすことができないことを意味している。谷のように虚を抱くと、起死回生できるのである。

六、私たちは谷のように虚を抱いている。それは私たちが世間のいかなる人も受け入れて与える事ができるという私たちにとって耳が痛い忠言でもあるが、一切の問題の成功と失敗の得失でもある。

七、恩を感じる心と畏れ敬う心は、宇宙で最も満ち足りた心のあり方である。

八、ひとかけらの内心の底にある強大な恐怖と恨みには、嫉妬と不安などの感情に凝り固まって縛り上げられている人にとって、本当の自分を活動させる方法がない。これにより修行をいくらしようとも、また、外面の完全な美しさを得ようとも、あなたは因果の巡り合わせの中をぐるぐると回ることになる。

九、この世界のあらゆる奇跡を創造する人物は、みな内心の指導と渇望に従い、自分を完全に信じて、更なる素晴らしい世界のために一切を創造する。

十、人類が生まれた星々の中で、地球はひとつの生命大学に過ぎない。私たちは卒業証書を受け取って、自分の麗しい星に帰るのだ。霊魂以外は地球に来た時と比べてレベルが低下し、痛苦で墜落し低次元の世界に到ることもあるだろう。

第7章　超然として心を動かされない

第七章　超然物外

天長地久。天地所以能長且久
者、以其不自生。故能長生。是以
聖人、後其身而身先、外其身而身
存。非以其無私耶、故能成其私。

　天と地はいつまでも存在し、綿々として絶えることがない。天地が
いつまでも存在しているのは、それらが自から存在を追い求めようと
考えないからであり、それで長く久しく存在している。賢者は別の人
の背後に身をおきながら、人の先になる。彼は自己を忘れて、かえっ
て自分の体を平穏に安全にするのです。わが身を忘れることは正しく
ないのではないか？　だから、最後には自己を実現できるのです。

一、大自然は一個の生命体であり、人も大自然と同じ気性と性格を有
している。天地には七大特徴がある。第一は好生、第二は無私、第三
は不争、第四は下座、第五は包容、第六は無為、第七は平衡である。

二、天長地久（永遠に変わらないこと）の秘奥は何だろうか？　無私
である。無私は大きな私を成就するが、利己心は実際には自分を害す
るのである。自然の法則はこのようであり、生命の法則も同様である。
自分を生かそうとする性質は強いが、自分を滅しようとする性質もま
た強い。結果として別々な人となるが、このようにして私たちは自己

を成立させるのである。

三、天地と人はみな生命体であるが、人が自分の命運を支配できないのは、人の性質の中に自私自利の心で阻害する所があるからである。

四、老子が研究する天長地久の目的は何だろうか？　長生である。人に天地的性格と生活の仕方を如何に学習するかを教え、人に更なる長久と幸福を得させるのである。

五、私たちは自己の命運の創造者であり、自己の行為の主人公と執行者であるが、同時に自己の行為の受難者でもある。

六、天地と同じような器量を持って忍耐を享受すれば、器量が大きくなり大福になる！

七、和諧的な声を怨み言を言う代りに用いると、あなたの身体組織は和諧的な声に随って改変し、あなたの生命は将に新しい宇宙光輝の照覧する所となり、あなたの命運はこれに因り昇華する。

八、天地間の最大の力は無形の度量なのだ！　他の人を包容しようと発心すれば、自己の力が包容される。他の人を助けようと発心すれば、自己に内在する偉大な力があなたを助けるのだ！

九、私たちが人間になったのは奉献的だからであり、要求的でも利己的でもない。私たちが人間になったのは、自己を完善にして世界に和諧を広めるためである。

十、私たちの生命の樹が必要とする四つの和の土壌とは何か、……

「四和」とは、和諧する社会は私の責任、和諧する企業は私の責任、和諧する家庭は私の責任、和諧する心身は私の責任である。土壌が私たちを必要としているのではなくて、私たちが必要とする「四和」が自己の光と熱に貢献するのである。

第8章　水を道に喩える

ディーパージャン　イーシュイユィダオ
第八章　以水喩道

シャンシャンルオシュイ　　シュイシャンリーワンウーアルブーヂョン
上善若水。水善利万物而不争、

チューヂョンレンヂースオオー　グージーユィダオ　ジュシャンディー
処衆人之所悪、故幾於道。居善地、

シンシャンユエン　　ユィシャンレン　イエンシャンシン　ヂョンシャン
心善淵、与善仁、言善信、政善

ヂー　　シーシャンノン　ドンシャンシー　フーウェイブーヂョン　　グー
治、事善能、動善時。夫唯不争、故

ウーヨウ
無尤。

　最も賢明な人は水のようである。水は万物に栄養を与えるが、万物と争うことは無く、人類の嫌がるところに居る。だから水の行為は道に近いのです。居住するにはそれに適した地を選び、心は穏やかに、交際往来は心をこめておおらかに、話は誠実に信義を守り、政は治まることをよしとし、事を為すには有能であるのが良く、行動するには時期を把握しなければならない。まさに万物と争奪することは無いから、間違うことはない。

一、道は決して神秘ではなく、道は決して高くも登れないものでもなく、道は平凡な水のようだ。水の品徳は、一に万物を利益し、二に争わず、三に永遠に自己を謙虚に最も低い所に置くのである。これに因り水の品徳は道に近づくのである。

二、道の最大の特質は人を助けてもその報いを求めないこと。人生の

最大の元手は他人を助ける能力を有していることである。

三、老子が説く所の「争わず」とは、無為の意味なのか？ それとも不作為の意味なのか？ 違うのだ！ 老子は私たちに水の品質を学習させている。どうして低い所に居るのか、どうして柔弱なのか、どうして責任を引き受けるのか、どうして平凡なのか、どうして万物を利益するのかと。低い所に居ることを心から願い、柔弱を心から願い、責任を引き受けることを心から願い、万物の利益を心から願うことができてはじめて、生命は滞りなく通じることができるのである。

四、自己の能力が貢献できる所を尽くして、他の人と功積を争わず、名を争わず、利を争わず、高低を争わない。柔弱的な道、低位的な道、利他的な道、このようにしてあなたは頻繁に道に近付くのである。

五、心を柔弱にしても、柔弱は水と同じく無能ではない。柔弱は一種の生長する力量を包容していることで、包容は妨害を免除し苦痛の堂々巡りも避けることができるのである！

六、低姿勢で得たものこそ、本当の尊貴である。低い身分で為せば、自己の高貴は成就するはずである。

七、周囲の人に対して常に畏敬の心を持つべきで、そうして初めて周囲の人からのよい信息（実在から虚無に移行する仲介役）を吸収できるのである。他の人を尊重しないと、自分の命運は常々不順に会い、多くの信息があなたを邪魔するだろう。

八、容認は他の人に対する祝福なのだ！ ならぬ堪忍するが堪忍。これは自分の生命に対する祝福でもあるのだ！

九、自分の物腰態度を最も平凡なものにしておくと、平凡な本身でも
あなたに不平凡なものを創造するだろう。相反してひたすら不平凡を
追求すると、往々にして収穫はいたって痛苦なものになる。

十、人生の最高の境地を平平安安に笑って終末を迎えることだとする
と、それはできるのだろうか？　できるのだ！　私たちが上善如水の
性質をよく学びさえすればよいのだ。万物を利益し、与えて搾取しな
い。平凡はあなたに大きな低下感を覚えさせるだろうが、低は大きな
気質と精彩を得させてくれる。……成功の人生とはこの様に練成する
ものなのである。

第9章　物極まれば必ず反る

ディージウジャン　　ウージービーファン
第九章　物及必反

チーアルインヂー　　ブールーチーイー　　チュアイヂールイヂー　　ブーコー
持而盈之、不如其已。揣之鋭之、不可

チャンバオ　　　ジンユイマンタン　　モーヂーノンショウ　　フーグイアル
長保。金玉満堂、莫之能守。富貴而

ジアオ　　ズーイーチージウ　　ゴンスイシェントゥイ　　ティエンヂーダオ
驕、自遺其咎。功遂身退、天之道。

　なにかを手にあふれるほど持つようなことはやめたほうが良い。矛先を尖らすと、その状態を長く保つことはできない。部屋に貴重品が満ちあふれていても、誰がそれらを守りつづけることができるだろう。富裕で高い地位にあっても傲慢不遜でいると、不幸を招くだけだ。仕事が完全に成しとげられれば引退する。これが「自然」に長生きする道である。

一、凡ての事にはみな限度があり、何事も度を過ぎてしまうと、物事の和諧平衡状態に破壊をもたらし反対方向へ向かう。真理に向う前の一歩は謬った議論になる時がある。

二、凡ての過度な財産の重視、凡ての富貴と驕慢は最終的に物極必反（物事は極点に達すると必ず逆の方向に転じること）となるのは必然で、堕落に向うのである。

三、硬過ぎると切断されて、柔弱過ぎると使い道がない、てっぺんのある所に身を置くと危険が生じ易い、これらは物極必反の道理である。

四、より謙虚で寛大な自分に改めることに成功すると、ますます功労を天地の守護に帰し、国に帰し、みんなに帰すようになる。これは天地の自らを生らえることをしないという自然のやり方を見習うことであり、これが持続発展する秘奥なのだ！

五、生活の中に現れる貧しくて満足しない心、得ることを知っても施すことを知らない心、善を争って不善になる情実など、これらはみな自分の中に埋もれている災難の根源になることから避けがたい。

六、能く伸び能く縮む、能く進み能く退く、まさに是真。

七、名利は好ましいものではなく、名を成して終る。内心を観て謙虚となり、得たものも手放さなければいけないことを理解するべきである。

八、自分を孤立させて人心を得られない最速の方法は、狭隘な度量と自私自利で辛辣な事を言い、至る所で無駄話に興じることである。

九、人生が要求する決算とは、過去の誤ったことの最終的な自分への勘定書である。この勘定書きを返済しないと、胸中に永遠の苦痛を残すことになる。今日の選択はあなたの明日の生活を決定するのである。

十、『道徳経』の全ての哲学的系統はみな道に由って展開する。私たちが生命から自然に出て来る愛と喜悦を放って、生命の水源に結ばれた時、心を静かにすると、あなたは自然の声を聴くだろう。心を穏やかにすると、あなたは智慧の声を聴くだろう。心を清くすると、あなたは健康の声を聴くだろう。……

第10章　玄徳を修める

第十章　修養玄徳

ザイインボーバオイー　ノンウーリーフー　ヂュアンチーヂーロウ　ノン
載営魄抱一、能無離乎。専気致柔、能

インアルフー　デイチューシュエンラン　ノンウーツーフー　アイミン
嬰児乎。滌除玄覧、能無疵乎。愛民

ヂーグオ　ノンウーヂーフー　ティエンメンカイホー　ノンウェイツー
治国、能無知乎。天門開闔、能為雌

フー　ミンバイスーダー　ノンウーウェイフー　ションヂーチューヂー
乎。明白四達、能無為乎。生之畜之、

ションアルブーヨウ　ウェイアルブーシー　チャンアルブーザイ　シー
生而不有、為而不恃、長而不宰、是

ウェイシュエンドー
謂玄徳。

　迷える肉体を安んじて無欲となり、そこから離れないでいられるだ
ろうか。呼吸を調和集中させ、気質を柔軟にし、嬰児のように無邪気
な状態になれるか？　世の中の有様を見た心を洗い清め、各種の雑念
や間違いを除くことができるか？　人々を愛護し、家を、国を、天下
を治めるのに、自然の法則に照らし合わせているか？　天地の間、す
べてのものが大きく変化する中で、女性の柔軟さで静かに軽虚妄動せ
ずにいられるか？　あらゆる事によく通じながら、谷のように心を虚
しくして人々の衷心からの恭しい態度を大切にすることができるか。
天下の万物を自然に繁殖させ、万物を生育しても自分のものとして占
有せず、万物に幸せをもたらしても、自分の手柄とせず、万物を指導
しても支配しようとしない。これが偉大で深遠な徳の行いである。

一、「抱一」は道の規律と性質を、自己の生命的本能に変化させることである。「抱一」は更に高く、更に円融で、更に窮まったレベルで、大宇宙の更に高い周波数のエネルギーの恩寵を受け入れるのだ！

二、嬰児は明らかに柔弱かつ純潔な身体の中で生長のエネルギーを孕育している。柔を守ることの本当の目的は最も活力のある状態を保持することである。柔弱は問題解決の最良の方法である。

三、老子が説く「無知」はあらゆる事柄について明白に分かっていながら、智慧を働かせないということである。『道徳経』の中の「無知」は知識が無いのではなく、むしろ博学多才を要して深思熟慮するのである。また、大徹大悟ができて洞察力もあるのである。

四、「万物を生みだし、養い、生育しても所有せず、恩沢を施しても見返りを求めず、成長させても、支配はしない、是を玄徳と謂うのだ」、これは生命の大自在、大円満的な成功の秘訣である。一個人として多少の財産や高い地位が無くても、その人なりの玄徳の責任感と担当感はあるのである。

五、「玄徳」はみな世人に知られる情況にはなく、黙して内心から発生し、国、社会、天地万物衆生のために行う所の大善行である。

六、「玄徳」は合道抱一的な境地で、「我は道、我は光、我は無限の愛、我は無限の創造」に呼応する生命中の実践的原則であるのだ！

七、人の命はみな好い命であるが、ただ良くない習性に染まり、命が騒いで壊れてしまうだけである。習性を取り去って天性に返れば、必ず命は好くなる。

八、道理を得るには人を許し、筋道を通すには気を和やかにするべきである。話すにも和諧、人のために事を処理するにも和諧、全身の細胞はみな和諧の後に付いて行く。

九、この世界では財産と名利はただ一時あなたの後に付いて行く。本当は唯道徳と智慧があるだけで、これらは宝物としては無価値だが、人を導き大自在と大円満に向かわせることができる。

十、生命は一種の選択であり、小我を選択すれば小根が得られ、大我を選択すれば大根が得られ、無我を選択すれば永久不変となる。持続して永遠に変わらない徳分を分ちあえば、自己の生命のために栄光を勝ち取り、持続して大衆に奉仕をすれば、大宇宙の正神から注目されてその祝福を得るだろう。

第11章　有と無は相対している

ディーシーイージャン　　ウーヂーウェイヨン
第十一章　無之為用

サンシーフーゴンイーグー　　ダンチーウー　　ヨウチョーヂーヨン　　ティン
三十輻共一轂、当其無、有車之用。挺

ジーイーウェイチー　　ダンチーウー　　ヨウチーヂーヨン　　ザオフーイオ
埴以為器、当其無、有器之用。鑿戸牖

イーウェイシー　　ダンチーウー　　ヨウシーヂーヨン　　グーヨウヂーイー
以為室、当其無、有室之用。故有之以

ウェイリー　　ウーヂーイーウェイヨン
為利、無之以為用。

　　三十本のスポークが一つの車軸の周りに集まり、スポークの間に中空な部分ができ、車輪が回って前進する作用を生み出す。粘土をこねて陶器ができ、その器物には中空の部分があり、物を収納することができる。出入り口や窓を開けて家を作るが、出入り口や窓があるから部屋に風が通り、光が入り、また人も住める。「有」がその効能を発揮できるのは、「無」の働きがあるからです。

◈　　　　　◈　　　　　◈

一、「有」は可視的な物質世界の中で見られるもの、「無」は無限で境界もない宇宙全体とその起源である。無と有は相互に依存、依頼していて、どちらか一つが欠けても成り立たないのである。

二、空無（からっぽ）は人生の最高の境地である。空のコップには水を入れる事ができるし、空の部屋には人が住める。自分の心が「無」的広大な境地に達すれば、初めて人と物を容れる空間を有して、大自在で大円満な人生を作ることができる。

三、あなたが無形的環境そのものになる時、あなたは道になり、あなたはこの世界に芳香を与える存在になり、宇宙全体はあなたを通してまさに祝福を贈るのだ！

四、人の生存環境と条件は「有」で表わされ、心霊と愛は「無」で表現される。「有」に感謝することと並んで、無形無象の心霊を重視すれば、初めて素晴らしい未来を創ることができる。

五、捨てるのです。あなたの名利迷妄的な執着を捨て、空無の境地に返れば、本当の生長力が自在に発展するのです！

六、いかなるものでもみな魔性（ましょう）と神性（しんせい）を具有している。魔性は人の負の思惟を記録し、神性は人の正の思惟を記録する。一切の禍福はみな人が招くもので、これは宇宙の法則である。

七、生命が円満自在であるとは自分が万物と別の人たちを凌駕するのではなく、自己の心霊を空に放って世間万物と相通じ、大衆と互いに繋がり融和することで、これこそ永遠に変わらない秘奥なのである！

八、自己の不足を受け入れることは、愛の開始、考えを変える開始、素晴らしさの開始、希望の開始、そして一切の開始なのだ！

九、持っているから、失うことができる。失うから、持つ機会が生じるのである。

十、人生の挑戦中に紛失した物と力をみな内なる心の中に探してみなさい。個人の心霊世界を無欲、無為な基礎の上に立てると、初めて人生に恒久的な力を充満させることができる。

第12章　奢侈をやめて、淡雅を取る

第十二章　去奢取淡
ディーシーアルジャン　チュショーチゥダン

五色令人目盲、五音令人耳聾、五味令
ウーソーリンレンムーマン　ウーインリンレンアルロン　ウーウェイリン

人口爽、馳騁田猟、令人心発狂、
レンコウシュアン　チーチョンティエンリエ　リンレンシンファークアン

難得之貨、令人行妨。是以聖人為腹、
シアンドーヂーフォ　リンレンシンファン　シーイーションレンウェイフー

不為目、故去彼取此。
ブーウェイムー　グーチュビーチッツー

　多彩な色取りは人の目をまどわせ、美しい音は人の耳をだめにし、美味しい味は人の口をそこなう。気が向くまま狩をすれば、人は殺意が日に日に強くなり気が狂うばかりになる。得がたい、めずらしい品物は人を未練たらしくさせ、行為のけじめをなくさせる。だから、聖人は、内を務めて外を務めないことを主張し、外物の誘惑を捨て、固有の天真なるものを確保するのである。

一、外の物質世界を重視するべきとするなら、もっと内の心霊世界を重視するべきだ。外在する肉体的ハードウエアの使用期限は、内在する心霊的ソフトウエアのバージョンが本来決定するのである。「人々の腹を満たすことを大事にして、目を楽しませる感覚的なことは大事にしない」という法則は、現代人の多くの疾病を治療する良い薬である！

二、内に求めて外に求めず、自身に求めて物に求めず、これは人生を幸福にする良い処方箋なのだ！

三、人がもしひたすら過度の美色、美音、美味、渉猟（しょうりょう）に浸り、珍しい宝物や贅沢品を享受するのなら、早くも心身の霊的な恬淡（てんたん）や安寧と平衡までも喪失してしまい、更には己を害し、人を害し、家を害し、国を害することになるだろう。

四、思惟には一つの大変重要な自己を内観するという功能があり、内在する世界の和諧こそが人生を豊かで満ち足りた幸福にする種子である。

五、人は誘惑に耐え、分不相応な行動を自制しなければならない。ひとり暮らしの寂しさに耐えることができ、初めて繁栄した暮らしが守られ、永遠の生命も得られるのである！

六、限度を超えたことはしてはいけない、過度の努力もしてはいけない、人並み以上の才能はもっと大切にするべきだ。限度を超えてしまうと、前に戻ることはみな困難になることを須らく知るべし。

七、言葉はエネルギーを持っている。言葉で人を傷つける、言葉で人をわずらわせる、言葉で人を従わせる、言葉で人を楽しませる、あなたはどのレベルでしょうか？

八、一時の爽快さを得る時があっても、恒久的な苦痛は減らせない。名利や地位を優曇華の花と同じように得たとしても、金剛のような人体を失ってしまう。

九、あなたの内に既に苦しみと不安で滞っている心がある時、他の人はあなたに苦しみと不安を与えるだろう。常に高尚で喜悦的な感謝の心は、十分な心身の免疫力と振動力を高めることができるのだ！

十、自分勝手な善し悪しや恩と仇を忘れ、自身の身分と地位を忘れ、
自己的な利益得失を忘れると、平常心と無我な心は初めて大自在と大
平安を得ることができるのだ！

第13章　自己に対処するように世の中に対処する

<ruby>第十三章<rt>ディーシーサンジャン</rt></ruby>　<ruby>天下如己<rt>ティエンシアルージー</rt></ruby>

寵辱若驚、貴大患若身。何謂寵辱
若驚。寵為下、得之若驚、失之若驚、
是謂寵辱若驚。何謂貴大患若身。
吾所以有大患者、為吾有身、及吾無
身、吾有何患。故貴以身為天下、
若可寄天下。愛以身為天下、若可
託天下。

　恩寵を得ることと屈辱を受けることはどちらも人の心を恐れおのの
かせる。寵辱の得失を重んじるのはわが身を大切するのと同じだ。寵
辱がわれわれを恐れおののかせるとはどういうことか？　寵を受ける
ことはくだらないこととしながら、寵を得て驚き恐れ、寵を失ってま
た驚き恐れる。つまり、これを、「寵辱は恐れおののくが如し」と言
う。なぜ大きな禍を重んじることをわが身のごとくするか？　わが身
に大きな災禍がある所以は、我にわが身があるからだ。もしそのよう
な身体が無ければ私はどのような禍に会うというのか？　だから、身
体を宝物のように大事にするのと同じように天下を宝物のように大事
にするならば、そのような人に天下を託すことができる。自己の生命
を愛護するのと同じように天下を愛護するならば、そのような人に天
下を託することができる。

一、恩寵と恥辱の恐るべき核心は、恩寵を失って恥辱感に陥る人は下僕である。しかし恩寵を得て得意になる人は、実際は下僕的身分を獲得したのである。

二、他の人が皆んなの前であなたを誉め称えると愉快になり小躍りして喜ぶ一方、他の人があなたにいやな話をすると打撃を被り精彩を失くしてしまう。……あなたに受け入れ難い人がいるということは、あなたの修行がまだ十分でないことを証明している。恩寵と屈辱に恐れおののく時、このようになる必要があるのだろうか？　少しの平常心があり、物に使われないで、自我を放下すれば、楽しさは簡単に手に入るのである。

三、自己の面子を忘れ、自己の振舞を忘れて、初めて自己を探しに戻れるのだ。

四、役に立つ人になり、他の人の望みがあなたの胸中にあると、あなたも天地の胸中に存在する。人と天地間には特定の関係があり、よいことを多くするほど、また人に知られない時ほど、容易に「想念が事を成す」の信号を受け取れる。

五、無我の人はすでに貴賤、栄辱、上下、得失、怨恨、愚痴、及び嫉妬のレベルを超越している。一方本当の楽しさを得ている人は、世上の痛苦によって無我的生命が妨害されることはない。

六、人生の修練は「捨」の一文字に落ち着く。……名利を捨てる、恩と仇を捨てる、栄辱を捨てる、自在の人生はこのように錬成的である。

七、多くの人が世界全体の姿を見て自我の在り方を形成する時、多くの人は初めてこの全世界を背負って、自身への付託と使命を賦与することができる。全世界も初めて人が安心して住める幸福の家を造ることができるのである。

八、人の天命とは何でしょうか？　「自分の身を大事にしながら、天下のためにする者ならば、その者に天下を預けることができ、その身を愛おしみながら天下のためにする者ならば、その者に天下を託することができる」、これはあなたの身体はあなたの身体ではないことを説いていて、あなたの身体は国と世界の身体であり、和諧社会のために責任のある身体を引き受けているのである。

九、人の使命とは何でしょうか？　私たちのこの生は自分の天賦の長所を用いて集中して国に尽くし、社会大衆に尽くし、父母に尽くし、天地衆生に尽くすためにあるのだ。

十、人の生命とは何でしょうか？　貴く生きること、貴く生きるとは養生の最高の境地である。貴く生きるとは人生は恩を感じる処であると納得することである。「わが身を後にしながら、かえって先になり、わが身を度外視しながら、かえってその身を保全する」（第七章）、これは貴く生きることを最も明確にしていて、長生きしてよく治める方法である。

第14章　道の形態は恍惚である

ディーシースージャン　ダオタイフアンフー
第十四章　道態恍惚

<ruby>視<rt>シーヂー</rt></ruby>之不見、名曰夷。聴之不聞、名曰
希。博之不得、名曰微。此三者不可致
詰、故混而為一。其上不皦、其下不
昧。縄縄不可名、復帰於無物。是謂
無状之状、無物之象、是謂惚恍。
迎之不見其首、随之不見其後。執古之
道、以御今之有。能知古始、是謂道紀。

　見ようとしても見えないもの、これを「夷」と呼ぶ。聞こうとして
も聞こえないもの、これを「希」と呼ぶ。手で触れようとしても触れ
られないもの、これを「微」と呼ぶ。この三つの物ははっきりと区分
することはできない。大本は一体のものであるから。形而上のものは
ぼんやりとしていて、突き詰めてもはっきりさせることははなはだ難
しい。形而下の天地万物ははっきりとしていて、あいまいではない。
上から下まで探し求め、繰り返し探求しても、決まった名前を付ける
ことができない。だから、たとえどのような有形物質であっても最終
的には全て無形の世界に復帰するしなければならないので、これを形
の無い形と呼び、物としての姿形が無いので、微妙で測ることのでき
ないものと呼ぶ。これを迎えても、前頭を見ることが出来ず、その後
ろについてもその背中を見ることができない。いにしえからの大道の

力を執行し、現代人類に奉仕する。大道の本源の奥義を悟れば、道を学ぶ、道に沿った行い、ことを理解することができ、大道の求める守るべき法則を理解することができる。

一、大道の形態は無相、無声、無形であり、私たちが去相（相から離れること）、去声、去形を理解した時、積み重ねた所の功徳のエネルギーは漏れ落ちてしまうことは無いだろう。

二、道は至高性と神秘性を具有しているが、道の規律に従った生活をしてはじめて、現実生活の中に大道の作用が介在している所を感じるだろう。

三、道の門は物静かに生長するためにあるが、騒々しい人は他人をも騒々しさに引きずり込むのだ。他人に口を挟まないのではなく、静かに行うべきで、口を挟んだらすぐに離れる。内心がゆったり落ち着いていないことは生命の最大の刺客になり得るからである。

四、覚醒する過程では、いかなる外的な作用も押し付けも無く、あなたは自己の一切を実証し、自己のあらゆる面と必ず向き会わなければならない。

五、人は「無」の中に在って、初めて無窮、無尽になり、初めて落ち着いて至静に至り、初めて精を聚め神を集めることができる。

六、多福でない人は常に口論を聞いているだろう。多福な人はこれまで口論を聞いたりすることはなく、口論はまさしく悪の種子なのだ。

七、人助けは偉大なことであるが、自分を助けるのは更に偉大なことである。人助けは功績と成り、自分を助けるのは更なる功績と成る。人助けは善の種子である。

八、人生は一場の修行であり、修めるものとは無形無象な心である。心が柔弱になって、一切が完全な美となる。

九、人の心の中には大我はあっても、小我はない。だから天下を載せられるのだ。

十、内在世界の和諧は健康の基礎であり、外在世界の和諧もまた豊かで満ち足りた生活の必要十分条件である。

第15章　謙虚に道を行う

第十五章　為道謙恭

古之善為道者、微妙玄通、深不
可識。夫唯不可識、故強為之容。豫
兮、若冬渉川。猶兮、若畏四鄰。
儼兮、其若客、渙兮、若冰之釈。敦
兮、其若樸。曠兮、其若谷。混兮、其
若濁。孰能濁以静之、徐清。孰能安
及久動之、徐生。保此道者、不欲盈。
夫唯不盈、故能蔽而新成。

　いにしえより「道」に良く従い守る者は、深く精密で、道理に明る
く、一般人の遠く及ばないほどである。まさに一般人が認識できない
から、彼の外に現れる姿を描いてみよう。再三ためらって決しかねて
いることよ！　冬の日に氷の張った川を渡るようだ。何回も躊躇して
いることよ！　近隣に迷惑をかけることを恐れるようだ。表情がなん
と厳粛なことよ！　客人となっているようだ。さらっと疑いを解いて
いることよ！　氷のツララが溶けるようだ。慈愛にあふれ実直で温厚
なことよ！　いかなる装飾も無い様だ。度量が大きいことよ！　広々
とした山谷のようだ。一切のものを混同することよ！　表面が濁って
いるようだ。誰がよく濁りを止めさせることができるか？　ただ静か
にしていれば段々澄んでくる。誰がよく安定を持続させることができ

るか？　運動と変化が次第に活力を現す。この道を保持する人は、敢
えて自己満足しない。ただそこに到達しても自己満足しない人だけが、
衰退することなく新しい完成を得ることができる。

一、充ちて溢れさせないことは大きな智慧である。盈ちた後は失うこ
とになり、盛況を極めても必ずや衰退してしまうのである。物事は発
展して頂上に到れば必ず坂道を下ることになる。余地を残しておくこ
とが人に手段を与えるという理由は、自分が発展できる空間を留め置
くことになるからである。同行の多くの人が「盈（みたす）」を追求しても、と
ことんまで行かないことが天長地久（永遠に変わらない）の大道であ
る。

二、大道を最も簡単に言うと、平常心是道である。

三、生命の秘奥に感通するには、謹慎の心、畏敬の心、恭敬の心、荘
厳な心、朴実な心、広大な心、包容する心が求められる。……これら
は七大処方箋であり、ある心を修養すれば、それにふさわしい幸運が
得られるのである。

四、濁っているものを内に納めて、その濁りを清く澄ませるのは、大
きな度量、大きなスケール、そして気迫である。これはまさに真の修
練である。

五、心安らかさの後に再び始動するものは、強力にして有力な加速度
である。

六、あらゆる成功はみな正しい選択から来る、あらゆる祝福はみな道

を知って活動したことから来る、そしてあらゆる力量を全て自己の手中に掌握する。

七、修養を深めた人ほど謙虚になる。自分を言いふらし、他人を軽視すると、しまいには自分を害することになる。

八、天のことをいつも窺い知る必要はないし、他人のこともいつも窺い知る必要はない。自分のことをやり終えれば、耕した分だけ収穫できるのだ。

九、人には二つの能力があり大変重要である。第一に学習するべきは「汚濁を化して清澄にする」能力である。第二に学習するべきは「安逸を化して活力にする」能力である。

十、修行をしている円満で和諧的な人は、外見的には控え目で、謙虚で、声や顔色を変えず、見た感じも悪くない。一般の人はまったく外見から判断する方法がなく、また、はっきりさせる方法もないが、その内面は流動的で四方八方に通じる道路のようだ。

第16章　虚静で根本に帰る

第十六章　虚静帰根
（ディーシーリウジャン　シュジングイゲン）

致虚極、守静篤。万物並作、吾以観
（ヂーシュジー　ショウジンドゥー　ワンウービンズオ　ウーイーグアン）

其復。夫物芸芸、各復帰其根。帰根曰静、
（チーフー　フーウーユンユン　ゴーフーグイチーゲン　グイゲンユエジン）

静曰復命。復命曰常、知常曰明。不知
（ジンユエフーミン　フーミンユエチャン　ヂーチャンユエミン　ブーヂー）

常、妄作凶。知常容、容乃公、公乃
（チャン　ワンズオシオン　ヂーチャンロン　ロンナイゴン　ゴンナイ）

全、全乃天、天乃道、道乃久、
（チュエン　チュエンナイティエン　ティエンナイダオ　ダオナイジウ）

没身不殆。
（メイシェンブーダイ）

　心を空虚にすることを極め、心の平静を守れば、本当のことを知ることができる。宇宙万物、山河、大地はすべて変化をしながら運行している。私たちはそれらが循環往復している姿を見ることができる。事物はいろいろな変化をするが、最後には全てそれらの根源に復帰する。生命の根源に回帰することを「静」と呼ぶ。静が衰弱すると、また新たな生命を育む。このような生命の循環を「常」と呼ぶ。事物の「常理」を「明」と呼ぶ。この法則を知らなければ、むやみに行動して不幸な禍に遭遇する。この「常」を知れば、包容することができ、包容することができれば、全ては公平になる。全てが公平になれば、あまねくいきわたる。あまねくいきわたれば天と一体になることができる。天と一体になれば自然の法則に合致する。自然の法則に合致すれば永遠である。この道理を理解すれば一生危険はない。

一、人は天地の化身であり、一個人が思考する時、その人の考え方と天地の水源が相呼応すると、天地の属性と力量は影のようにその人に付き従う。

二、草木の根は泥土の中に在る。人の根は頭頂の上に在り、虚空はまさしく私たちの泥土である。根に帰すには静が求められ、静が極点に至ってはじめて、生命の本源を探し出し生命の根本に回帰できる。

三、一つ一つの生命はすべて自己独特の、回帰と生長の命運図を持っているので、それを作成したり心配したりする必要はない。私たちは命運図を気に掛けさえすればよく、それを抑制してはならず、これを自然大道と呼ぶのだ。

四、発生するあらゆることはみな正常であり、本当の包容は必ずしも包容したり耐え忍んだりする必要はなく、ただ受け入れ、享受して初めて生長を生み出し自由自在になれる。

五、一切の活き活きとした力量はみな人に内在する心霊世界が源である。しかし多くの人は依然としてこれを外在世界の天才とエネルギーに求めるが、実際はあらゆる天才は月を指さす手の指に過ぎないのである。

六、虚心になってみなさい！　心を静かにできれば、二度と騒がず、奔走せず、多忙はなくなる。それが自然にして生命の本来に戻ることである！

七、過去に戻って再び人生をやり直すことをできる人はいない。しかし一人一人はみな今日から始めて違う自分になり、全く新しい結末を

創造できるのである。

八、人は人々が行き来する大層賑やかなこの世間で、莫大な量の物質から誘惑を受けているが、その多くは終わる所を知らず、内心世界は往々にして俗世間の誘惑によって迷い、惑わされ、塞がれる所となる。心身の閉塞をなくす過程では、「心をできるだけ空虚にする」ことにして、不安定に揺れ動く内心を新しい形式にするのである！

九、心霊世界では天地は無窮無尽の供給源であり、もし内心でこうなって欲しいと思っている結果と偉大な自然力の前進する足取りが和諧して一致するならば、結果と自然力が運転を開始する。

十、天下万物にはすべて自己の唯一無二の生命路線図があり、すべて自己の生命形態に従って、生長し、体験し、通り過ぎて行くのだ！生命が無から有に至り、有から無に至るのは、一輪の花が開いて落ちるようなもので、なんと不思議なことか！

第17章　我は自然

<ruby>第<rt>ディー</rt></ruby><ruby>十<rt>シー</rt></ruby><ruby>七<rt>チー</rt></ruby><ruby>章<rt>ジャン</rt></ruby>　<ruby>我<rt>ウオ</rt></ruby><ruby>即<rt>ジー</rt></ruby><ruby>自<rt>ズー</rt></ruby><ruby>然<rt>ルアン</rt></ruby>

太上下知有之。其次親而誉之。其次畏之。其次侮之。信不足焉、有不信焉。悠兮、其貴言。功成事遂、百姓皆謂我自然。

最も素晴らしい指導者は、人民はその存在を知っているだけである。その次の指導者は、人民は彼に親近感を持ち、敬愛し、賞賛する。更に次の指導者は、人民は彼を恐れる。最下等の指導者は、人民は彼をあなどり、侮辱する。誠の信が十分でなければ、人から信任されることは無い。なんと慎重なことか！　良い指導者は、良い制度を信頼し、あまり軽々しく言葉を発しない。大きな仕事が完成し、全てが思ったとおりになっても、人々は皆全てを自分たちがそうしたのだと考える。

一、宇宙で最高の陽のエネルギー磁場は「最も素晴らしい指導者は、人民はその存在を知っているだけである」のことで、これは何処にでもあって、無我、淡白、物質外で超然としている大道のことである。……大道は無形ではあるけれども天地を生育し、万物を慈潤し、万物の成長を助けている。

二、本当の大道修行は、下から上へ一段ずつ登るには及ばない。直接無物に復帰し、自然に復帰し、無に復帰し、円満で自足的な本体に復帰できるのである。生命はただ一歩ずつ成長するだけでなく、生命は突然変質し、瞬時に昇華し、自然そのものになれるのである。

三、生命を外に向かって探し求めて獲得するには及ばない。生命は自ら無の中から生れるが、この「無」は何もないということではない。この「無」はもっと大きく、もっと深遠的な宇宙を表わしていて、天地万物はみな「無」の中から創造されて来て、幸福な人生もみな「無」を用いて実現できるのである。

四、天賦は天が与えるものなので、謙虚になるべきだ。名声は他の人が与えるものなので、感謝するべきだ。傲慢は自分が与えるものなので、用心するべきだ。

五、余地がある時は退ければ退くべし。力量がある時は助けられれば助けるべし。あなたの与えるものはみなあなたの身の上に返って来る。

六、もしあなたが現在指導者であるか、或いは未来の指導者ならば、あなたは他の人に空間、舞台、機会を与えなければいけないが、抑制や督促やののしりを与えてはいけない。

七、最良の管理モデルは厳しく抑制することではなく、人がよいことを行うのを助け、その才能を十分発揮し、最善を尽くすことが、大道自然である。管理の最高の境地は、最良の自分になることだ！

八、人をして地位や財産に擦り寄る感覚にいつも至らしめてはいけない。あなたと誰かを比べて、あなたがより頼りになるとして、周りの

人にあなたが他の人を助けていると感じさせてはいけない。人の注意を引く必要はなく、大道の自然的功徳はもっと大きいのである！

九、功を挙げ名を成したら、自己を振り返って見て理解するべきだ。自己を内観し、本性をより自覚するようになって、初めて永久不変となる。

十、認める力は全てのものよりも大きく、誰かを認めると誰かは成功するのだ！　一つの言葉は人を暖めもするし、寒くもする。一つの言葉は人を死なすも、活かすもする。あなたが思うかどうかは分からないが、言葉は一種のエネルギー源である。友人とは、ほほ笑みの表情から会話が始まるのだ。

第18章　道を失えば反対に行く

第十八章　失道走反
ディーシーパージャン　　シーダオゾウファン

大道廃、有仁義。智慧出、有大偽。
ダーダオフェイ　　ヨウレンイー　　ヂーホイチュー　　ヨウダーウェイ
六親不和、有孝慈、国家昏乱、有忠
リウチンブーホー　　ヨウシアオツー　　グオジアフンルアン　　ヨウジョン
臣。
チェン

　大いなる「道」が廃れると、仁義が現れた。智慧、聡明が現れると、偽りが現れた。父子、兄弟、夫婦がしょっちゅう喧嘩していると、孝行と慈愛が現れた。国の政治が混乱すると、いわゆる忠義の臣下が現れる。

一、「大道が廃れてから、大きな虚偽が始まり、父子、兄弟、夫婦が不和になり、国家は混乱した」、これはみな一種の社会の病態と生命の病態である。超越的な解決方法は、道を学び、道を悟り、大道を動かすことである。人が仁義、孝慈、智慧、忠臣などを強調する現象がある時は、まさに時代が理を明らかにして道に帰らなければならない日であるのだと、私たちに呼び掛けているのである。

二、大声で仁義、相互愛、愛国を呼び掛ける必要が無くなった時、私たちの生命はすでに正常になっている。大道が実行される過程では、私たちはすでに仁義、相互愛、愛国などの精神が自分の血液や行動の中に入っている。

三、因果とは極めて微妙なことを恐れるべきで、男女間の不倫な行為を懺悔してきちんと処理するに及ぶ時、一切の邪悪を完全に断ち切れば、これにも大きな功徳があるだろう。

四、埋没させられているものを実際に人材と称することはできない。本当の人材は埋没させるすべがないのである。

五、ひたすら崇高であるべきだが、往々にして平凡に変わってしまう。大海は低い位置を保持することを心から願い、甘んじて平凡になることで、かえって海は沢山の川を受け入れることができ、あたかも永遠に変わらないもののようだ。大海の資質は道に近いのである。

六、仁義と智慧がたとえ副治世的な良薬であることを失わないとしても、それは枝葉を治すのであって根本を治すのではない。一旦、智慧が貪欲で私利的な物事に用いられると、社会に対して更に有害な事情を作り出してしまうだろう。

七、大道を離脱して仁義を強調すると、不仁不義が現れるはずである。このように大道を捨てて仁義を強調することは本末転倒である。

八、多くの人はただ道を知ることに参画していると思っている。また、或る者はこれで命運を改変するのだという状態にあるが、これは極めて大きな錯誤だ！　道を知る価値は生活の中でやり遂げることにあるのだ！

九、道は一本の四方八方に通じる路であり、また自然に到達する路でもある。修道は素朴に返り真に帰す一つの場で、自我を修正し、自我を管理する自在でなめらかな大自然の行為である！　あなたは自分の

楽しい路を歩けばよいのだ！

十、人が楽しくないのは、それがその人自身から出た問題によるもの
だからで、自己の問題部分の修理がうまくできればよいのである。

第19章　利己心を少なくして欲望を少なくする

第十九章　少私寡欲

絶聖棄智、民利百倍。絶仁棄義、民復孝慈。絶巧棄利、盗賊無有。此三者以為文不足。故令有所属。見素抱朴、少私寡欲。

　最も良い聖人の政治は、偽善や才智を棄てることを提唱する。そうすれば人々は何倍もの利益を得るだろう。最も良い仁愛とは、義侠心などについて語らない。そうすれば人々は本心から孝行や慈愛を回復するだろう。最も良い社会制度とは、少数の人が利益をむさぼることを排除する制度だ。そうすれば強奪や盗賊行為の発生を絶やすことができるだろう。この三つのことは布告を出すだけでは十分ではない。人々の心の中にしっかり根付かせなければならない。そうすれば、本来の静かさを手本とし、純朴さを保持し、私心を減らし、欲望を少なくすることができる。

一、美名的な虚栄心をしきりに求めると、人生の最後には長所がなくなる。争わずして争う、これが王道である。

二、凡ての事を別の人の視点に立って他の人のために考慮できることは、まさしく慈悲である。

三、あなたが最良のものを別の人に与えれば、別の人から最良のものを獲得するだろう。あなたが客嗇になればなるほど、ますます持ち物がなくなる。生命とは一種のこだまである。

四、社会や人生の問題を解決する処方箋は次の八つの文字にある。「見素抱樸、少私寡欲、……外面は生地そのままで、内面は樸のように、私心を減らし欲望を少なくする」。これは幸福な人生、社会の和諧、天下太平の基石である。

五、自我の欲望が最少まで小さくなる時、真実の我が立ち上がるはずで、初めて生命の真実の動力が立ち上がるのだ！

六、人の最も頼りになるものは後ろ盾や財産ではなく、自我の性分の中にある純粋さとたっぷりな愛なのである。

七、永遠に忘れてはいけないことは、一人一人はすべての最も偉大な力量と自己治癒力を持っていることである。

八、生活の中に見られる聖、智、仁、義、巧、利は、みな自己を創造するものである。人がもし道徳を「自己の本分は人のためにあるもの」と考えるならば、心霊の深い所にある真実天性の能力が自然と流れ出て来るだろう。

九、自己の中にある偉大な能力を探すとき、一つの文字、すなわち「棄」に行き着く。「棄」はまさしく放下することであり、自分の尊大さ、自分のなりふり、自分の名声を放下して、大衆を師と為し、大自然を師と為すのである。

十、私たちが作るあらゆる財産や地位は、最後にはみな放下すること
になる。積極的に創造し、積極的に放下する。執着しなければ、広大
に包容でき、果てしなく無限になれるのだ。

第20章　自ら解脱する

第 二十 章　　自我解 脱
ディーアルシージャン　ズーウオジエトゥオ

絶 学 無 憂。 唯 之 与 阿、 相 去 幾 何。
ジュエシュエウーヨウ　　ウェイヂーユィアー　　シアンチュジーホー

善 之 与 悪、 相 去 何 若。 人 之 所 畏、 不
シャンヂーユィオー　シアンチュホールオ　レンヂースオウェイ　ブー

可 不 畏。 荒 兮、 其 未 央 哉。 衆 人 熙 熙、
コーブーウェイ　フアンシー　チーウェイヤンザイ　ヂョンレンシーシー

如 享 太 牢、 如 春 登 台。 我 独 怕 兮、 其
ルーシアンタイラオ　　ルーチュンドンタイ　　ウオドゥーパーシー　　チー

未 兆、 如 嬰 児 之 未 孩。 累 累 兮、 若 無
ウェイヂャオ　ルーインアルヂーウェイハイ　レイレイシー　ルオウー

所 帰。 衆 人 皆 有 余、 而 我 独 若 遺。 我 愚
スオグイ　ヂョンレンジエヨウユイ　アルウオドゥールオイー　ウオユイ

人 之 心 也 哉。 沌 沌 兮。 俗 人 昭 昭、 我
レンヂーシンイエザイ　　ドゥードゥーシー　　スーレンジャオジャオ　　ウオ

独 昏 昏。 俗 人 察 察、 我 独 悶 悶。 儋 兮、
ドゥーフンフン　スーレンチャーチャー　ウオドゥーメンメン　ダンシー

其 若 海。 飂 兮、 若 無 止。 衆 人 皆 有 以、
チールオハイ　リアオシー　ルオウーヂー　ヂョンレンジエヨウイー

而 我 独 頑 似 鄙。 我 独 異 於 人、 而 貴 食 母。
アルウオドゥーワンスーピー　ウオドゥーイーユィレン　アルグイシームー

　最も良い学問とは、人類の幸せを作り出す学問であり、人々を憂慮させない学問です。自分を貴い者とするのと、人にへつらい迎合するのと一体どのくらいの差があるのだろう。善良と醜悪とは一体どれほど離れているのだろう。人々が恐れるところは恐れないわけにはいかない。これはなんと荒唐無稽なことか！　実際は必ずしもそうでは無い。皆さんは喜び勇んで盛大な宴会に参加しているようだ、また花咲く春の日に高台に登って楽しんでいるかのようだ。私はただ一人淡々として、欲望を追求する素振りもない。はっきりしないでいることか！

まるで赤子のように感情を面に表さない。揺れ動いていることか！
まるで戻るべき家もないようだ。人々は皆ゆとりがあるが、ただ私一
人そのような物を何も持っていないようだ。私の真は愚か者の心理と
同じか！　世間の人は皆賢く見えるが、私一人心がぼんやりとしてい
る。世間の人は皆聡明に見えるが、私一人愚か者のようだ。なんと静
かなことか！　深くて測ることのできない大海のようだ。漂っている
ようだ！　まるでとどまるつもりはないようだ。人々は皆思いっきり
力を発揮しているようだが、私はかえって頑固で野卑である。私独り
他の人々とは違って、学を絶てば憂いなしの理論の根本がある大自然
を理解することを重視している。

一、「学ぶことをやめれば、憂いがなくなる」の本当の意味は、人生
の終極目標と方向はそのとおりで正しく、そこに至り、最高にやり切
ると、二度と一生憂慮する不愉快な事情はなくなるはずで、これは一
生が大安心、大自在的な境地に到達したことでもある。

二、人が恐れていれば、私たちも恐れないわけにはいかず、世事とは
然り、このようなものだ！

三、一般の人は見た目や名利を追い求めるが、これは自分が高級人で
あるという感覚を持たせるからである。しかし本当の修行者は非常に
平凡で素朴に見えるが、彼の内心は庶民を利益する抱負と使命感で豊
かに充たされている。

四、人の本身は最も精密で、最も自動化している生物科学の産品であ
る。人体が必要としている心地よく満ち足りた種子は元来私たちの胸
中に在り、種子を認めて耕せば産品を獲得できるのだ。

五、純粋さは人生の最高の到達点で、純粋な情熱的思考は十分に人体の精気神（せいきしん）と生長力を集めることができる。（第二十二章の六を参照）

六、自己を作るのは命運という設計士であるが、命運とは同じものが無い思惟構造を鋳造する成型で、私たちに内在する心霊世界は永遠に活力と生気がみなぎっている。

七、理知的な人は自分を世界に適応させるけれども、理知的でない人は世界を自分に適応させたがる。

八、宇宙精神は人を通してそれ自身を明らかに顕わすが、心霊的能力は私たちが宇宙精神を知ってやり遂げることによって決まるのだ。

九、道と対話をするには三つの要素がある。その一、人のために気持ちを恬淡にし、海のように受け入れて、高い志をもって個人で修行していること。その二、事に当たって不足が現れたら、改革できる能力を提出すること。その三、人が地球に来て、自覚を持って人類の命運を左右する共同体的な責任感と使命感を担うことを当然とし、みんなと仲良くし、私たちが本当に幸福な人生の源泉に通じていることである。

十、厚徳によってあなたは自身の命運軌道上を正しく進むことができることを発見するだろう。周囲の人はあなたに新しい機会を絶え間なく与え始めているのだ。あなたは生命の軌跡がすでに存在していて、まさにあなたの光臨を期待していることを発見するだろう。あなたが体験しているのは、まさにあなたの生存そのものなのだ。厚徳によって私たちはもう時間を浪費することはなく、時間はきらきらと輝いているのだ！

第21章　ただ道にこれ従う

ディーアルシーイージャン　　ウェイダオシーツォン
第 二十一 章　 惟 道是 従

コンドーヂーロン　　　ウェイダオシーツォン　　ダオヂーウェイウー　　　ウェイ
孔徳之容、 惟 道是 従。 道之 為 物、 惟

フアンウェイフー　　フーシーフアンシー　　チーヂョンヨウシアン　　フアン
恍 惟 惚。 惚兮恍兮、 其 中 有 象。 恍

シーフーシー　　チーヂョンヨウウー　　ヤオシーミンシー　　チーヂョンヨウ
兮惚兮、 其 中 有物。 窈兮冥兮、 其 中 有

ジン　　チージンシェンヂェン　　チーヂョンヨウシン　　ズージンジーグー
精、 其精甚 真 、 其 中 有信。 自今及古、

チーミンブーチュ　　イーユエヂョンブー　　ウーホーイーヂョンブーヂー
其 名不去、 以閲 衆 甫。 吾何以知 衆 甫之

ジュアンザイ　　イーツー
状 哉。 以此。

　　偉大な徳の姿は、完全に「道」に従っている。「道」というものは
恍惚としていてその変化は何一つ測れるものではない。変化は測れな
いが、その中には何かがある。おぼろげであるが、そこには何かしっ
かりした物がある。深遠ではっきりしないが。その中には精微な物が
ある。この精微なものは真実の存在であり、その中には偽りのない真
実なものがある。太古から今日に到るまで、「道」という名前は消え
たことはなく、それを用いれば万物が存在する状況を観察し検閲する
ことができる。私たちはどうすれば万物の変化の法則を知ることがで
きるのか。それはこの「道」によってである。

一、道は宇宙を創造し、天地を創造し、人を創造し、万物を創造した。
これらを細微に押し広める過程は、有象、有物、有精、有真、有信と
いう五つの支柱的な階層であり、道が天地万物を造化する創世紀の過

程である。老子が簡述する道は、観念上のものではなく物質的なもの
である。

二、宇宙は開闢して現在に到り、大道は恒久に存在する。大道は万物
を孕育し、その上万物の中に存在する。もし一個人が本当に道に生き、
道を悟ることができるのなら、その人は天地全体に追従し、宇宙全体
と一体となり、密接に相通じるだろう。一切の偉大な品質は大道の規
律に従っていて、もし道に従えば人は潤って生きていける。

三、自然な大道に回帰し、人間的な一切の行いが大道に沿うならば、
きちんと整って得るも失うもはっきり明白になる。幸福も災難もみな
自分が招き寄せるものである。

四、「大いなる徳を持つ人の有様は、道にこそ従っているのだ」、この
句は私たちに人が必ず従わなければならないものは、道にある価値体
系の本源であると教えている。

五、道は全ての本源の大規律であり、徳は個人の行為の小規律である。
道を論じないで徳を説くことは一種の本末転倒で、木に魚を求めるよ
うなものである。あらゆることは規律に従うべきで、最大の徳は道に
奉仕することである。道を修めないで、徳は何処から来ると言うのだ
ろうか！

六、「徳」について註釈すると、あなたを触発して目に見えない天地
の力量を見させ、それによって、天地と一致する境遇へ変わろうとい
う精神をあなたにもたらすのである。

七、称賛を追求する人の功績は、それほど大きくはない。称賛に淡白

な人の功績は、小さくはない。

八、道徳と勤勉と情熱は、人を此岸から彼岸へ運ぶ三つの宝物である。

九、世間の物事は、はっきり明白にするべきだ。善いことも長くは続かないし、悪いことも長くは続かない。執着しないで、善悪を超越するのは、ひとつの新天地である。

十、あなたがもし未来のリーダーになろうとするのならば、あなたは他人の批判を楽しんで受け入れるという大道的度量を、必ず具有しなければならないのだ！

第22章　互いに相反しながら、互いに成り立たせ合う

第二十二章　相反相成
ディーアルシーアルジャン　シアンファンシアンチョン

曲則全、枉則直、窪則盈、弊則新、
チュゾーチュエン　ワンゾーヂー　ワーゾーイン　ビーゾーシン

少則得、多則惑。是以聖人抱一為
シャオゾードー　ドゥオゾーフオ　シーイーションレンバオイーウェイ

天下式。不自見、故明。不自是、故
ティエンシアシー　ブーズーヂエン　グーミン　ブーズーシー　グー

彰。不自伐、故有功。不自矜、故長。
ヂャン　ブーズーファー　グーヨウゴン　ブーズーヂン　グーチャン

夫唯不争、故天下莫能与之争。古
フーウェイブーヂョン　グーティエンシアモーノンユィヂーヂョン　グー

之所謂曲則全者、豈虚言哉。誠
ヂースオウェイチュゾーチュエンヂョー　チーシュイエンザイ　チョン

全而帰之。
チュエンアルグイヂー

　曲がりくねっているからこそよく保全され、たわみを矯正するからこそ真っ直ぐに伸びられ、窪んでいるからこそ満たすことが可能であり、古くて破れているからこそ新調できる。少なく得ることを望むからこそ逆に多くを得られ、多くを貪り取るから反対に目的を達せられないのです。そう言う訳で、聖人は、「道」を用いて天下を統治する。すなわち、自分の見解に固執しないから明智となり、自ら正しいとしないから、是非が彰かになり、自ら誇ることもないから、かえって功績を積み重ね、自分が偉大だとも地位が高いとも思わないから、人より抜きんでる事が出来るのです。他人と争うこともないから、世間の人も彼と争うことが出来ない。古の人が言った。委曲求全（不満を我慢してまで事を丸く収めようとする、大局を考え、意を曲げてでも折り合っていく）がどうしてでたらめな話だということが出来るのでしょ

うか。嘘、偽り無く、自然の法則に照らし合わせ、長い先々の利益（自然から受ける恩恵）を考えながら仕事をしている人は、総べての矛盾を転化し、合わせて保全（損害を受けないように全体を護り、保持すること）も手に入れることが出来る。

一、「曲がっているからこそ全うできる」は偉大な宇宙の法則である。宇宙のあらゆる物質の表現状態はみな曲線振動的な球体である。「曲則全」は真なるものを示し、自然で柔和な天性を明らかにしている。大道は同様に人にこの曲則全的な能力を賦与し、私たちに十分な弾力性を持たせて生命の各種の挑戦と苦難を迎え入れ、最終的に生命の大自在と大円満に向かわせているのである。

二、「抱一」も偉大な宇宙の法則である。宇宙的な全ての信息（実在から虚無に移行する仲介役）は、一つの文字で表わすことができる。「一」なのだ！　「一」は道である。「一」は正面と裏面を抱き合い、正面と裏面を混ぜて一と為す。「一」を抱くことは万物の本源を抱いていることで、自在、流暢、幸福な生命の根本を抱き持っているのである。

三、老子は天地の極秘的な二文字を天下に対してはっきり示したが、この二文字とは「不争」である。争い事は争わないでやり遂げるべきで、不争は結果的に、天下の誰もがあなたと争えないということである。

四、物事を引き受ける時にもうけ主義的な考えを抱いてはいけないのだ！　道を得た者は争わない上に、世間の人が実現しようとする一人一人の理想を支持するのである。以後の世界は、金持ちの世界ではな

いし、金持ちでない人の世界でもない。以後の世界は、大愛の人の世界になるに違いない。

五、誤った路を歩くのを心配するには及ばない。誤った路を歩くことが多ければ、道理のある路は見て分かる。この路を覚えていれば申し分なく、以後役に立つ。

六、積極的な思惟は積極的なエネルギー源になり、集中的な思惟は集中的なエネルギー源になり、この種のエネルギーは身体に留まり、あなたの精と気と神を集成する。(略述すると、精は精力や精を出すとかの精、気は元気とかの気、神は神経や意識とかの意味)

七、世界には人が出くわす苦しみよりももっとひどいことがあり、その程度は今まで苦しんだ人がいない位だ。危機は人生によくあることで、心穏やかにこれと向き合い、現実主義的な態度で受け入れて、積極的な気持ちで処理し、最後には学んだことも放下しなければならない。

八、能く屈し、能く伸ばし、能く蔵す、これらを遮ることなく自己を安静的な情況の中に置けば、黙々と変化し十分に生長するのである。

九、老人を養う人は誰でも功徳があり、どの家の暮らしもかえって良くなる。老人が金持ちであっても、孝道を尽くすべきで、父母と親しくしないと、良い日も必ず終わるだろう。

十、生命を学ぶ上で考慮する、「自ら見識ありとはしない、自ら正しいとはしない、自ら功を誇らない、自ら才知を誇らない」という 四つの「しない(不)」がある。これは「天が清いものを求めずとも、

清いものは自ら天に帰す。徳が神なるものを求めずとも、神なるもの
は自ら徳に帰す」的な大道の境地で、笑いながら到達する永遠に偉大
な生命の法則である。

第23章　徳を求めれば、道に近づける

第二十三章　求徳近道

希言自然。故飄風不終朝、驟雨不
終日。孰為此者。天地。天地
尚不能久、而況於人乎。故従事於道
者、道者同於道、徳者同於徳、失者
同於失。同於道者、道亦楽得之。同於
徳者、徳亦楽得之。同於失者、失亦楽
得之。信不足焉、有不信焉。

　多くを語らないほうが自然の道に合致している。荒れ狂う風も早朝
までにはやみ、暴雨も一日中降りつづけることは無い。誰がこのよう
にしているのか？　それは天地だ。天地でさえ事物を支配しようとし
ても長く持続できないのに、いわんや人においては？　だから、「道」
を行う人は自然の法則に従って道に合わせ、徳を行う人は徳に合わせ
る。事を行うに法則に合わなければ、「道」を失い、徳を欠くに等し
い。言行が道と符号する人は、道もまたその人を助けることを楽しみ、
言行が徳と同じくする人は、徳もまたその人に現れることを楽しむ。
言行が「失」と符合する人は、「失」もまた彼に従う。誠実、信実が
足らなければ、信任を得ることはできない。

一、「多くを語らない方が自然の道に合致している」とは、不言の教えを説いていて、無為にして治めることである。多くを語らないとは、話さないということではなく、自分の模範的な力量を用いて周囲の世界を感化することである。また、しないということではなく、努力し、和諧し、精を聚め神を集め、持続して創造性を発揮し、全てをしっかりやり終え、成功して功労をみんなの天性に帰し、上天からのみんなへの奨励に帰すのである。

二、人間のあらゆる一切はみな変化の中に在って、一切は過ぎ去るものであり、……成功も財産も名利も失敗も痛苦も過去のものとなる。……だから、勢いに乗じて為したものは、放下し得て最も自在なものとなる。

三、思想は生活に対して極めて大きな影響力を持っている。私たちの思想は千変万化し、思想の表現形式も同じものがなく、思想が異なれば異なる命運を創造する。

四、消極的な種子を播けば、消極的な結果を収穫する。積極的な種子を播けば、希望のある未来を収穫する。人生の結果はあなたの種子の性質次第である。

五、世の中には絶望的な立場はなく、ただその立場に対して絶望する人がいる。涙を浮かべて種子を播く人は、笑みを浮かべて収穫できるのだ。

六、あなたが多かれ少なかれ人を尊重できれば、多かれ少なかれ人から尊重される、あなたが多かれ少なかれ人を信任できれば、多かれ少なかれ人から信任される、あなたが多かれ少なかれ人と協力できれば、

多かれ少なかれ人はあなたに協力する、あなたが多かれ少なかれ人を成功させれば、多かれ少なかれ人はあなたの成功を助けてくれる。

七、良い霊的な伴侶を見つけたいと思うなら、あなたは提灯に火を付けて探す必要はない。あなたは自身の一粒の石を磨きさえすれば、それが発光し、自然に相手があなたに引き寄せられるのだ。

八、本当の道を悟る人は自分の小ささを認識できる。他の人を用心することは自分を用心することに及ばなく、最も恐ろしい敵は自分の心中に蔵れているのである。他の人を軽視すると罪業が増加してしまい、後悔先に立たずの結果となる。

九、道を悟ることは人生で最も幸福なことであり、私たちが道を悟らなければ、誰も助けてはくれない。私たちがひもじいとき、別の人が私たちに代わって食べることはできないし、私たちが眠れないとき、別の人が私たちに代わって眠ることもできないのだ。

十、異なる生命の磁場は異なる生存材料を引き寄せる。一個人の生存は、一個人と一個人が属する全体の中のその他の人との連係によって決まる。あらゆる連係は一個人の命運の勢いをも形成する。

第24章　自ら正しいと主張するものは、
是非を彰かにできない

<ruby>第<rt></rt>二<rt></rt>十<rt></rt>四<rt></rt>章<rt></rt></ruby>　第二十四章　自是不彰

企者不立、跨者不行。自見者不明、
自是者不彰。自伐者無功、自矜者
不長。其在道也、曰余食贅行。物或悪
之。故有道者不処。

　つま先で立っている人は、長い間立っていられない。無理に大股で
歩いても遠くまで歩けない。自分を優れていると見せようとする人は、
逆に自分自身を見抜けない。自ら是とする人は、逆に物事の是非を明
らかにできない。自ら大げさに自慢する人は、反対に成功しない。自
画自賛する人は長続きしない。これらの行為を「道」の度量衡で計れ
ば、このように言ってよいだろう。残り飯やうるさい痛みは人に嫌わ
れる。だから、「道」に従う人はその様なことはしない。

一、自ら見識がある、自ら正しい、自ら功を誇る、自ら才知を誇る、
これら「四つの自ら誇る人」は自我を押し通して実行する中心的人物
で、これは多くの人の嫌悪する所であり、欲しくもないくどい食べ物
に出遭った人がそれを破棄するのと同じようなものである。だから、
有道の人はいつも謙虚、畏敬、感謝、利他の信念と行動力を堅守する
のである。

二、個人を通して宇宙は種が異なる組み合わせを創造する。異なる個体の振動周波数は異なる生命現象を創造する。

三、人と宇宙の連結方式は思惟である。異なる思惟は異なる世界のエネルギーと繋がり、生長的なエネルギーもあれば、萎縮的なエネルギーもある。

四、あらゆる偉大な心霊はみな自身の思惟の能力を重視して試みるのだ！　思想は個人と天地大道、有限と無限、有形と無形の領域に連係を立ち上がらせる。人は自己の思想行為を通して知識と能力を獲得することができる。

五、落ち着いてしっかりしよう。一歩一歩前を向いて歩こう。急いで成果を求めるとかえって悪いことになる。

六、もしあなたが毎日自分に対して、「つまらない事で、くよくよしないのだ！」と二十一遍大声で唱えられれば、あなたは胸中に一種不可思議な力を発見するだろう。試して見ては如何だろうか。

七、煩悩と快楽は人生における二つの種子で、心の田にどの種子を播いても、どの種子も発芽して長大になるだろう。

八、自己の利害を忘れ、自己の面子を忘れ、自己の体裁を忘れ、心に慈愛を持てば、上天は必ずあなたを助けてくれる。

九、マイナス的な内心の対話を停止させなさい。もしあなたがある事を不可能なことと思うならば、あなたはまさにそれを不可能なことに変えてしまうだろう。悲観は、あなたを成功させるのに必要なツール

を鈍感なものに変えてしまうだろう。

十、人が一旦決心して自己を内観し、すべて善い自己求道の路を歩いて行けば、上天は必ずその人を導かれるのである！　身の上に起こるいかなるものもみな偶然ではなく、みな必然的に起こり身辺或いは身の上に存在している。

第25章 「道」は「自然」に従う

第二十五章 道法自然
（ディーアルシーウージャン　ダオファーズールアン）

有物成混、先天地生。寂兮寥兮、
（ヨウウーチョンフン　シェンティエンディーション　ジーシーリアオシー）

独立而不改、周行而不殆、可以為
（ドゥーリーアルブーガイ　ヂョウシンアルブーダイ　コーイーウェイ）

天下母。吾不知其名、字之曰道、強
（ティエンシアムー　ウーブーヂーチーミン　ズーヂーユエダオ　チアン）

為之名曰大。大曰逝、逝曰遠、遠曰
（ウェイヂーミンユエダー　ダーユエシー　シーユエユエン　ユエンユエ）

反。故道大、天大、地大、人亦大。
（ファン　グーダオダー　ティエンダー　ディーダー　レンイーダー）

域中有四大、而人居其一焉。人法地、
（ユィヂョンヨウスーダー　アルレンジュチーイーイエン　レンファーディー）

地法天、天法道、道法自然。
（ディーファーティエン　ティエンファーダオ　ダオファーズールアン）

　渾然一体となって纏まって離れられずにいるものがあり、天地が形成される以前から既に生まれている。それは静寂で音もない！　形もない！　独立した存在で永く変わることもない、どこまでも遠くまで循環往復をして、永久に止まることもない、それは天地万物を生み出す母親と言うことが出来るだろう。私はその名前を知らない、だが強いて私は彼を「道」と称そう、無理やり命名して「大」と呼ぼう。「大」と表示したのは、どこまでも果てしなく広がって進んで逝くから、「逝」と表示したのは遥か遠くまで到達するから、「遠」の終点に到達すれば再度反転して復帰してくる。そこで、道が大であるように、天も大、地も大、人もまた大である。つまり、宇宙には四つの大があり、人は四つの大の一つである。人の行為は要するに、地の法則を守り、地の行為は天の法則を守り、天の行為は道の法則を守り、「道」

の行為は自ずから然るあり方を守る。

◈　　　　　◈　　　　　◈

一、道はずっと宇宙哲学上至高かつ無上の創造者としての概念を保持している。第一は、道が定義するものは宇宙の本源であることを明確に提示したこと。第二は、道の一つの重要な属性である見えなく聞えない光子の世界、及び量子学の存在を明確にしたこと。第三は、天地、万物、人類はみな道が造化したものであること。第四は、人は胸中の道を守り、自然のバランスの規律に従って人のために事を為せば、初めて一生が楽しく幸福になることである。

二、「道は大なり、天は大なり、地は大なり、人も大なり」。この「大」は天地の心は大きく、同様に道の無限の愛も大きいので、無限の創造力がこのように大きいことを指摘している。また、人も道の愛と創造力を具有してこれをバランスさせているのが本来の姿であると指摘している。

三、無論、時空にはいくつかの次元が存在しているが、これらの次元はみな道が創造して出来たもので、これらはみな道の内に包含されている。中国文化は微細なものを見たり知ったりすることを尊重しているが、微細なものを知るとはじめて、生命の多重な時空と多層な空間の作用をはっきり理解できる。

四、自然界には平衡法則と因果法則がある。不利な目にあっても、苦労を厭わないで、人が多く得ても、私たちは少なく得るのである。人が私たちに言及しようとしまいと、不利とか苦労とかと考えてはいけない。高尚な態度、高い風格、高い水準があってこそ、スケールが大きいのである。

五、人はどのようにして人に為るのか、これは天地万有一切がみな一刹那の間に人の心の中に入ることができるためである。道、天、地、人は宇宙の中で平等の地位にあり、あなた以外にはあなた自身を信じないのである。あなたは道であり、あなたは光であり、あなたは無限の愛であり、あなたは無限の創造的存在なのだ！

六、生命の偉大な秘密はあなたがあなたの胸中にある道と親密になり、道に順じて行けば行くほど、あなたは更に多くの宇宙エネルギーを引き出せるはずである。……これは同じ周波数の共振法則である。

七、生命を創造する奇跡とはどのようなものなのだろうか？　行う、仕事をこなす、真面目にする、努力する、堅持する、そうすると奇跡は自然に起るだろう。ご飯を炊くとき、あなたが火を絶やさないでいると、生米が炊き上がるように生命の奇跡はこのように生産的なのだ！

八、宇宙は一つの円的運動であり、地球も一つの円的運動であり、言語も一つの円的運動である。あなたが考える所、思う所、話す所と天地大道の作用が前進する足取りを一致させる時、あなたが渇望する結果と作用が始動する。

九、善を行う機会があり、人に利用される機会があるのは、上天があなたに能力と幸福を賦与しているのである。

十、どうして現代人は痛苦が多いのか？　私たちが自分は「道に背いている」と感じていないからである。……父母の与える愛は当然で、国家の与える愛も当然で、私たちがそれらに報いる必要は無いと感じている。……これは「道に背いています」と書かれている籠の中に居るようなもので、背いてますます苦しくなるのだ！

第26章　君主の修養

第二十六章　君主修養
<small>ディーアルシーリウジャン　ジュンヂューシウヤン</small>

重為軽根、静為燥君。是以聖人終
<small>ヂョンウェイチンゲン　ジンウェイザオジュン　シーイーションレンヂョン</small>

日行、不離輜重、雖有栄観、燕処超
<small>リーシン　ブーリーズーヂョン　スイヨウロングンアン　イエンチューチャオ</small>

然。奈何万乗之主、而以身軽天下、
<small>ルアン　ナイホーワンチョンヂーヂュー　アルイーシェンチンティエンシア</small>

軽則失根、燥則失君。
<small>チンゾーシーゲン　ザオゾーシージュン</small>

　重いものが軽いものの支配者であり、静かであることが苛立って動き回ることを抑える。だから、聖人は重いものを積んだ車から離れない、軽挙妄動せず、素晴らしい環境にいても、彼はいつもの通り静かにしていて、超然として心を動かされないのだ。車馬が群がり寄るような君主が、どうして軽重を知らなくて、いい加減に国を治めることができるのか。軽率であれば生存の根本を失うことになり、浮ついていると支配者たる地位を失う。

一、「重いものは軽いものの根本となり、静かなものは躁（さわ）がしいものの君主となる」は、生命を形成する視点から見ると、「重」は生命を代表し、「軽」は名利を代表している。生命があるから、まさに名利的な資本を格闘して取り合うことになる。

二、「軽がろしければすなわち根本を失い、躁（さわ）がしければすなわち君主を失う」。「根本を失う」は自我を抑える力を喪失すること、「君主を失う」は指導権を失うことである。これはいらいらして急いだり、

軽はずみをしてしまったために名声や利益などの外物を招く所となって、心身に外物が死ぬほど付き纏い、最後には必ず人生を失敗へと導くことである。故に重徳と静徳は、すなわち有道者の徳行である。

三、有道の人は名利があっても、悠々とこれに対処し、内心は永遠に落ち着いて祥く和し、話すことは永遠に和諧、光明、高尚的である。これはまさしく「聖人は重いものを積んだ車から離れず、軽挙妄動せず、素晴らしい環境にいても、彼はいつも通り静かにしていて、超然として心を動かされない」のことである。

四、軽が天下となれば、必ず天下は軽の所となり、愛が天下となれば、必ず天下は愛の所となる。人を軽視することはすなわち悪で、諸般の悪業を作ることになり自己の霊性の通り道は障害を受け、霊性の根本を失ってしまうのだ！

五、万事のすべてを身を以って模範とする。自分が純朴ならば、初めてみんなも純朴になり、自分が清く静かならば、初めてみんなも騒動をしなくなる。

六、軽率は災難をもたらすが、謹慎はあなたに天地を畏敬する心があることを表わしている。穏やかに落ち着いていると、初めて思う通りに生長できる。何故か、どんな事情であろうと、みな重厚さを自ら持つことが必須なのである。

七、宇宙の中で最も重いものは何ですか？　天道の自然法則が最も重い。最も軽いものは何ですか？　無視することの法則が最も軽い。宇宙の中で最も静かなものは何ですか？　無私無欲、無我無存、超然として物外に居て、愛が広まるように心から願うことが最も静かで、エ

ネルギーも最大である。

八、もしあなたの行為が他の人を鼓舞してその人が更に多くの夢を持ち、更に多く学習し、更に多く行動し変化し得たならば、あなたは一番の指導者である。

九、憤怒の感情は一切の功徳の働きを破裂させてしまう。怒りは健康の第一の殺し屋である。

十、人の思惟は自己の命運に作用する。頭脳は軽率であってはならず、軽率が根本を失わせることを、内観して気付くことが大変重要である！

第27章　上手に事を処理する

第二十七章　処事要妙
（ディーアルシーチージャン　チューシーヤオミアオ）

善行無轍迹。善言無瑕讁。善数
不用籌策。善閉無関楗而不可開、
善結無縄約而不可解。是以聖人常
善救人、故無棄人。常善救物、故無
棄物。是謂襲明。故善人者、不善人
之師。不善人者、善人之資。不貴其
師、不愛其資、雖智大迷、是謂要妙。

行動に優れていると、はっきりとした痕跡を残さない。話に優れていると、言葉の中で指摘されるようなところはない。計算に優れていると、計算器具を使う必要がない。閉めることに優れていると、門を使わなくても、門を開けることはできない。縄で縛ることに優れていると、太い縄を使わなくても、解くことができない。だから、聖人は、いつも他の人を助ける。だからどんな人でも棄てるとは言わない。聖人はいつも万物を助ける。だから、どんな物でも棄てるとは言わない。これを、「道」の明智を踏襲したと言う。だから、善良な人は善良でない人の先生であり、善良でない人もまた、善良な人の見本の源である。もしこのような先生を尊敬せず、このような源を大事にしなければ、自ら智慧があると思っても、実際はまるではっきりしない。ここに非常に奥深く優れた道理がある。

一、聖人は善のために人を救い、善は人にその用（働き）を尽くさせる。これは世間の出来事に相応しい効果を及ぼすが、そのわけは、人はみな善を心から望んでいるからである。

二、最もよい手本になる修練は、全体を和諧して事に当たり、かつ精進して事に当たることで、「国の屈辱を引き受け、国の災厄も引き受ける」（第七十八章）の中に在っても、無我の高い境地で事に当たることである。生命の二層的神性の智慧はこのように自然に流れて来る。

三、万物にうまく応対するには、どんな人とでも相交わる時、みな誠意と善念を持つことである。もし相手が再度求めたならば、必ず自分が出来る事をしてその人を守ってあげる。もし対象が横暴ならば、その人との言い争いには加わらないことである。

四、万物にうまく応対するには、万物の用途はあなたの手の上に在って、いつもその妙を極め尽くせるのでこの物を廃棄はしない。悪人が目の前で悪いことを行っても、教化を施すことができるのでこの人を廃棄はしない。人との和の問題があなたの手中にあったとしても、あなたは不思議にもそれらを片付けることができるのである。

五、思惟のモデルは生活の境遇を決定する。もし精神が暗黒の中に在れば、まさに日の光もない。もし胸中が麗かで明るいならば、まさに光り輝やいている。

六、和諧的な精神は人体の太陽であり、不平不満の精神は太陽を雲で遮蔽して、人体の細胞を薄暗くして色を失わせるだろう。

七、いつも他の人の不幸を話すということは、心を暗くするだろう。発生する問題にいつも勇んで責任を引き受ければ、自己を発光させるだろう。本当に修行進行中の人は他の人が提起する問題を、私たちが解決する問題とするのである。

八、あなたが他の人に対して持っているどんな想いにも関わりなく、それは愛、恨み、情熱、軽蔑かも知れないが、……それらはみな一種明確な或いは神秘的作用によって、あなたの身の上に呼び掛けて来るに違いない。あなたが想うどんなものが、どんなものを得させるのだろうか。

九、ひとつの生命が寂滅し、別のひとつの生命が復活する。生命は一本の長い河で、ただ愛だけが幸福な生命の旅行券に取り替えるのに役立つのである！

十、人々はみな安楽に暮らしたいと思っているが、どうしてみな安楽に暮らせないのか？　道があれば福がある。もし道が明らかでないならば、福があっても享受しきれないのだ！　道は正確に人と人との関係を処理するのである。

第28章　恒常不変の徳が本来の姿に返ること

第二十八章　常徳帰朴

知其雄、守其雌、為天下谿。為天下谿、常徳不離、復帰於嬰児。知其白、守其黒、為天下式。為天下式、常徳不忒、復帰於無極。知其栄、守其辱、為天下谷。為天下谷、常徳乃足、復帰於樸。樸散則為器。聖人用之、則為官長。故大制不割。

　剛強であることを知りながら、かえって柔順を守るならば天下の渓流となる。天下の渓流となれば、恒常普遍の徳は離れることがなく、嬰児の心に復帰する。清く白い道理を知って、かえって、暗澹とした絶望的な世界を守り、汚濁した場所に居ることを願うならば、天下の模範となるだろう。天下の模範となれば、恒常不変の徳によって、過ちを起こすことなく、極まりのない世界に立ち返るだろう。栄誉ある生き方を知りながら、かえって、謙虚に引き下がった立場を守るならば、天下の人々が帰順するところとなるだろう。天下の人々が帰順するところとなれば、天賦の本姓は心に充満し、素朴な元始の状態に復帰することができる。素朴な元始の状態が分散すると、各種の器に変化し、聖人はこれを管理する。だから、賢明な者はこれをバラバラに分割することはない。そうして常徳は朴に帰る。

◆　　　　◆　　　　◆

一、「雄」は主動、強勢、先を争い、高きを争うことを表わしている
が、「雌」は静かで落ち着いていて、柔を守り、低い調子で、温和な
ことを表わしている。「争雄」が積極的に物事を行うやり方であるの
は明白であるが、それよりも「守雌」を心から望むのである。争うこ
とをしないで初めて気を貯え、精を満たし、神を豊かにできるのであ
る。

二、「白」は汚れがなく、清らかで、陽光を示しているが、「黒」は渾
沌ながらも、才能を隠して時節を待っていることを示している。まさ
に私たちは仕事中に在って「白を知って黒を守る」法則を掌握して活
用した後、あなたの徳に純正さが立ち上がるだろう。

三、栄誉あるあり方を知りながら汚辱の立場を守っていくと、世間の
人が慕いよる谷に成ることができる。周囲の人はみな私より随分高い
ので、私は高さを争わず、道を堅守し、淡白を心から願えば、自身を
素朴な状態に回帰させることができる。そして無名の大道の境地にま
で回帰する。

四、人はみな生活が異なるレベルの宇宙空間の中に在り、一人一人は
その筋骨を働かせ、体を飢えさせ、志す学習の旅に苦しみながらも愛
の卒業証書を獲得して人間に至り、最後には栄光の故郷に回帰する。

五、本当の能力は外部の助けから来るのではなく、内心より来るので
ある。もしあなたが自己の内心世界を見て理解し、自己を迅速に調整
すれば、正しい思惟の力によって奇跡を創造できるのだ！

六、順風満帆で得意な時はその羽振りがいい物腰を捨て、危機を思って謙虚な態度で安居する。そして四面楚歌的な困窮の中にあっても、静まり返る必要はなく、平常心を持って、一切はすべて過ぎ去るものと知るべきである。自己に気付けば、黙々と生長できるのである！

七、恐れ、恨み、苦悩などによる思いは生命を萎縮させる。あなたが恐れや、恨みや、苦悩をすっかり取り除いた時、あなたの煙霧は消散し、あなたの太陽は光を放ち、あなたは生命の源泉に力量を求めることができる。

八、大成功者であるわけは、よく笑って生命的円満に至り、自ら得たものを放下し、本源的な素朴を守る状態に戻れるからである。

九、多くの人の失敗は考えの焦点が合わないことによるのである。人は発射台のようなものであり、あなたの考えを宇宙に送り、然る後に同じ周波数の同類物を引き寄せるのである。

十、私たちの精神は偉大な創造力を有しているが、もし怠慢で、専念せず、実行しなければ、天上から美味しいものは落ちては来ないのだ。物質世界の規律を厳格に守れば、間違いのない効果が得られるだろう。

第29章　ことさらな事をしないで天下を治める

第二十九章　無為而治

ディーアルシージウジャン　　ウーウェイアルヂー

将欲取天下而為之、吾見其不得已。

ジアンユィチゥティエンシアアルウェイヂー　　ウージエンチーブードーイー

天下神器、不可為也。為者敗之、

ティエンシアシェンチー　　ブーコーウェイイエ　　ウェイヂョーバイヂー

執者失之。夫物或行或随、或歔或吹、

ジーヂョーシーヂー　　フーウーフオシンフオスイ　　フオチアンフオチュイ

或強或羸、或載或隳。是以聖人去甚、

フオチアンフオイン　　フオザイフオホイ　　シーイーションレンチュシェン

去奢、去泰。

チュショー　　チュタイ

　無理やり強い力で天下を治めようしても、私の看るところ目的の達成は不可能である。天下というものは神聖なものであり、権力に頼ったり、好き勝手に無茶をしてもどうにもならないことを私は知っている。何とかしようと無理すれば、必ず失敗する。執着すれば必ず喪失してしまう。天地万物はさまざまで、自ら進むものもあれば、随うものもあり、意欲のあるものもいれば、無関心なものもいる。剛強なものもいれば、柔弱なものもいるし、安全なものもあれば、危険なものもある。だから、聖人は、度が過ぎた安楽を棄て、度が過ぎた享楽を棄て、極端な行いをすることはない。

　一、天下の本質的特徴は無私であり、すべての大自然は荘厳で、みんなのものであり、もし一人で独占しようとするならば、自ら苦を求めるようなものになるだろう。

二、天下、この神器としての本質的特徴は、善く一切の衆生に応対し、大地を普く照らす所にあり、すべての大地は無我の精神を展開できる所となる。だから私たちは天下のいかなる事にも、いかなる人に対しても、みな畏敬の念を持たずにはいられないのである。

三、現象界の一切の物事には表の面と裏の面がある。人生の途中には、あなたに拍手を送ることもあれば、あなたにため息をつくこともある。あなたを讃嘆する人もいれば、あなたを攻撃する人もいるだろう。いつもあなたを逞しく成長させる人もいれば、あなたの生命を削り弱める人もいるだろう。天下の万事万物はみな両面性を具有していて、私たちは幸福に出会うと同時に、また災難をも考慮しなければいけないのである。

四、大きな智慧のある生命力の種子は、人のために奉仕活動をする中で育くむことができる。人を本当に育成できるものは、打算ではなく慈悲によるのである！

五、一時の成功と失敗や利害に関わるべきではなく、常にそれに関わると、それはあなたに付き纏うことになる。いつもそれが付き纏うと、それはあなたの痛苦になるのだ！　忘れられることこそ、大英雄、大豪傑なのであり、それを放下できることこそ、大自在なのだ！

六、一切のことは因果によって生じたものでないものはなく、逆境が来た時にもし逃げないで喜んで受け入れたならば、自然に終わってしまうものなのだ。もし受け入れたとしても、恨みや不満の気持ちが残るならば、将来必ず逆境が再来する。これが受け入れても終わらない原因である。

七、限度を超えてやってはいけない。やり過ぎてしまうと大きな災難が降りかかる時があるだろう。

八、常に愛と喜悦に満ちた言葉で話せば、身体的振動数を十分高められる。

九、人生は単線ではなく、一つの路線が不通になっても、あなたは方向を変えることができるのであり、大道にはもっともっと12ダースもの路線があるのだ。しかし、いちいち頻繁に振り返ったり、左右に徘徊してしまう人は、遠くまで歩き通せないのだ。

十、多くの人はただ生命を名利、幸福の享受、勝ち負けなどの追求に使用しているに過ぎず、最も神聖な生命を享受したことがない。……よく生きて、うまく死すべし。

第30章　驕る者は久しからず

第三十章　用兵之道
(ディーサンシージャン　ヨンビンヂーダオ)

以道佐人主者、不以兵強天下、其
(イーダオズオレンヂューヂョー　ブーイービンチアンティエンシア　チー)
事好還。師之所処、荊棘生焉。大
(シーハオフアン　シーヂースオチュー　ジンジーションイエン　ダー)
軍之後、必有凶年。善者果而已、
(ジュンヂーホウ　ビーヨウシオンニエン　シャンヂョーグオアルイー)
不以取強。果而勿矜、果而勿伐、果而
(ブーイーチュチアン　グオアルウージン　グオアルウーファー　グオアル)
勿驕。果而不得已、果而勿強。物壮
(ウージアオ　グオアルブードーイー　グオアルウーチアン　ウーヂュアン)
則老、是謂不道。不道早已。
(ゾーラオ　シーウェイブーダオ　ブーダオザオイー)

　「道」の理によって君主を補佐し国を治める仕事をしている人は、兵力を誇示し威力を見せつけて、天下の強国にのし上がろうとはしない、それは何故か、威力を誇示した武力の行使は最終的に報いを受け、失敗を招くことがあるからだ。戦闘部隊の駐屯した処、すなわち戦乱の地には荊が群生し、戦争が終われば、必然の如く、凶年がやって来て、病気が流行し、諸々の産業も疲弊し、飢饉が起き、細々と寂しい暮らしになる。本当の戦上手は、過大な望みを持たず、合理的な結果だけを求め、敢えて武力を誇示せず、覇権主義は執らない。勝ったからと妄りに尊大にならず、謙虚にへりくだり、結果が出れば直ぐに武器を収め、驕慢勝手なことはせず誠意をを尽くし、やむを得ず戦ったのだと考える。勝利するには武力を優勢にする必要はない。全ての物事には最盛期があり、それを過ぎれば必ず下降期に入り、衰え老いて枯れ落ちる。強い者も道に符合しなければ、必ず衰える。生存の道に符合しなければ、早々に滅亡する。

〼　〼　〼

一、残忍な戦争には、慈悲と忍耐の精神が必要なのだ！　怒り心頭になって強大な手段を使うには、喜色満面な菩薩の心が必要なのだ！もしやむを得ず戦争になったとしても、速やかに終わらせて虚勢を張らないことだ！　勝ったとしても、哀悼して喜ぶ勿れ！

二、今日の強勢は明日の衰退を意味している。どんな人も物事の発展を追求する過程では、限界まで成長させようとするはずで、絶えず生命の源を吸収し、絶えず進歩向上して、終始青春の活力を保持しようとする。

三、木の高さは一定の高さに達するとそれ以上には伸びない。人の欲望と木の高さには同様に限度があり、そうでなければ重い欲望の負担は、人を切断し壊滅させてしまうだろう。

四、道は来たり去ったり、往復したりで、四方八方に通じているが、人生も獲得したり放出したりと出入り自由で、常に道と一緒になっているのだ！

五、人がする事には必ず報いがある。あなたがどのように人を打てば、人からどのように打たれるだろうか。あなたはどのように人を無視し非難して、どのように人を傷つけるのだろうか。他の人は逆にどのようにあなたを無視して、皮肉を言うのだろうか。これは老子の所説である、「其の事、還(かえ)るを好む」である。

六、子供の性格はほとんどが先天的なものであり、その上、父母の子供教育には行き届かない所がある。何故なら子供が「病気になる」と、

両親はきっと「薬を飲みなさい」になるからである。ほとんどの時期、両親がこういう事情をよく学んでいれば、子供は日々向上するのである。

七、生存できる物の種は、最強の物の種でもないし、最も賢い物の種でもなく、それは最も改変に適応する物の種である。人にとって徳こそが生命の通行証である。

八、あなたは愛によって全世界を手に入れる事ができるが、恨みで全世界を失う事もできる。

九、人生には自分一人だけが前へ進める路があるが、他の人はあなたを助けられない。生と死の間に在るものは、ただ孤独な人生の旅程である。変わらない大愛を保有すると、あなたの生命を恒久に強く照らすことができる。

十、幸運は求めて来るものではなく、愛を用いて種から出て来るものである。……事業も種から出て来て、幸福も種から出て来て、健康も種から出て来て、長寿も種から出て来るのである。

第31章　武器を用いる人の心構え

第 三十一 章　　用兵心態

フービンヂョー　　　ブーシアンヂーチー　　　ウーフオオーヂー　　　グーヨウダオ
夫兵者、不 祥之器。物或悪之、故有道

ヂョーブーチュー　　　ジュンズージュゾーグイズオ　　ヨンビンゾーグイヨウ
者不処。君子居則貴左、用兵則貴右。

ビンヂョーブーシアンヂーチー　　フェイジュンズーヂーチー　　ブードーイー
兵者不祥之器、非 君子之器。不得已

アルヨンヂー　　テェエダンウェイシャン　　ションアルブーメイ　　アルメイ
而用之。恬澹為 上、勝 而不美、而美

ヂーヂョー　　シーローシャーレン　　フーローシャーレンヂョー　　ゾーブー
之者 、是楽殺人。夫楽殺人者、則不

コーイードーヂーユィティエンシアイー　　ジーシーシャンズオ　　シオンシー
可以得志於 天 下矣。吉事尚左、凶事

シャンヨウ　　ビエンジアンジュンジュズオ　　シャンジアンジュンジュヨウ
尚右。偏 将軍居左、上 将 軍居右。

イエンイーザンリーチューヂー　　シャーレンヂーヂョン　　イーベイアイチー
言以葬礼処 之。殺人之衆、以悲哀泣

ヂー　　ヂャンション　　イーザンリーチューヂー
之。戦 勝、以葬礼処之。

　　兵器は不吉なものである。皆から嫌われている。だから「道」に従っている人はそれを使おうとはしない。君子は平時においては左側を上位として尊ぶが、戦時においては右側を上位として尊ぶ。君子の居場所は左側を尊いとするが、戦いの時は右側を尊いとする。兵器は不吉なもの、君子の使うものではない。やむを得ない時にしか使わない。勝利しても恬淡として騒がず、得意になったりしない。勝利して得意になるのは、殺人を楽しむのと同じである。およそ殺人を楽しむような人は天下取りをするようなことは不可能だ。慶事を喜ぶときは左側を上位とし、喪に服す凶事のときは右側を上位とする。だから、比較的職位の低い偏将軍は左側におり、職位の高い上将軍は右側にいる。

これは戦時では葬礼の決まりで対処することを表している。戦争では戦死者が多い、悲しみと悲哀の心情を持って戦いに臨むべきである。すなわち、勝利しても、葬礼の礼節を持って処置すべきである。

一、戦争は残忍であり、最終的に勝者はいない。人間関係における言い争い、懐疑、闘争を重視すると、それらは自己に対する生命的残忍行為であり、それらによって自己の生長力が萎縮するだろう。

二、虚勢を張る者は天下を手に入れることは不可能であるが、人心を得ている者は天下を手に入れ、天下を手に入れる者は必ず人心を得ている。もし多くの優れた人物があなたに追随、或いは敬服するならば、あなたは指導者と呼ぶにふさわしい。

三、あなたは愛によって生命を綻び放つことができるが、恨みによると生命を失うことになる。貪欲は本当に最たる貧困であるが、知足、感恩、喜悦こそは人生の本当に最たる財産である。

四、あなたの仕事と比べてその地位の低い人を畏敬しないと、あなたはまさに磁場を失うだろう。畏敬心不足は如何なる場合も、自己的な一挙手一投足がその中にあり、あなたはまさに自我と機会と楽しさと良縁を失うだろう。

五、惜しまずに頭を下げると、得るものは本当のもの、惜しまずに頭を下げると、得るものは友誼、惜しまずに頭を下げると、得るものは大きな気、惜しまずに頭を下げると、得るものはなめらかな自在性である。

六、勝負事に関しては、恬淡な心情で処理するべきである。生長の事柄に関しては、心を用いてそれを灌漑するべきだ！

七、他の人の善意を捻じ曲げることや、他の人を憎悪することは、自己に対して言うとみな一種の大損失である。

八、思い付こうが付くまいが、他人の悪口を言うこと、言い争い、闘争、神仏への疑義などは、武力や凶器と同様に不祥のものである。闘争は必ず傷害をもたらすが、この種の傷害は双方的なもので、このため本当の勝利者はいない。

九、もし世界各国が核兵器をお互いに使用したら、人類の文明は瞬間に全てなくなり、地球全体はまさに人間の煉獄となるのだ！　しかし地球は絶滅しない。これは現代人が当然反省すべき問題である。

十、環境汚染、大気異常、地球災害の頻繁な発生は、すべて人の貪欲、躁動、無関心、闘争がもたらす悪い結果で、これはミサイル兵器が猛烈に発展する最大の根源でもある。人がしっかり記憶すべき事は、兵器はやむを得ず使用するもので、これは老子が人に告げる反戦宣言文書である。

第32章　道は天下を動かす

第三十二章　道動天下
（ディーサンシーアルジャン　ダオドンティエンシア）

道常無名。樸雖小、天下莫能臣也。
（ダオチャンウーミン　ブースイシアオ　ティエンシアモーノンチェンイエ）

侯王若能守之、万物将自賓。天地
（ホウワンルオノンショウヂー　ワンウージアンズービン　ティエンディー）

相合、以降甘露。民莫之令而自均。始
（シアンホー　イージアンガンルー　ミンモーヂーリンアルズージン　シー）

制有名。名亦既有、夫亦将知止。知止
（ヂーヨウミン　ミンイージーヨウ　フーイージアンヂーヂー　ヂーヂー）

可以不殆。譬道之在天下、猶川谷之
（コーイーブーダイ　ピーダオヂーザイティエンシア　ヨウチュアングーヂー）

於江海。
（ユィジアンハイ）

　道は常に無名であり、樸のように素朴で、華やかさが無く、大変繊細で小さいが、天下、万物、人類でこれを臣として使えるものはいない。侯王がもし道の原則を守るならば、天下の万物は、自ずから、当然の如く従うであろう。天地陰陽の気は互いに融けあい、自然に慈雨を降らせ、人々は誰に命令されること無く自然に濡れて、しっとりとする。人類社会が制度を作り始めてから、名や位に区別ができた。名と位は利益を代表するものであるが、万事を知り適当なところで止まる必要がある。適当なところで止まることを知れば、危険を免れることができる。天下と人が相呼応する道の存在を喩えれば、谷川の水が大河や海と相流通しているのと同じ道理である。

一、「道は常に無名」とは、「自ら見識ありとしないから、物事がよく見える。自ら正しいとしないから、是非が彰かになる。自ら功を誇ら

ないから、功が保てる、自ら才知を誇らないから、長続きする。そも
そも誰とも争わないから、世の中の人は彼と争う事ができない」（第
二十二章）という境地を完全に指し示している。

二、道は形而上の 95%の未知なる世界の表に出ない物質や、隠れて
いるエネルギーに属しているので無名であり、これを称して「朴」と
言う。この「朴」は微小ではあるけれども、天下に誰もうまくこれを
支配できる者はいない。

三、多くの人は習慣として見える世界が真に実在する世界であると思っ
ていて、意外にも有形の世界がただの表象であり、本当に作用してい
るのが無形の世界であることを知らない。……これは「これが道です
と示せるような道は、不変の道ではない」（第一章）のことである。

四、「守朴」は道の自然規律に基づいて行うが、これは道を守り、無
を守ることである。「守無」は心から望んでこれを行い、心から望ん
で他の人の周りを取り巻く環境になり、心から望んで舞台をみんなに
与えて前途有望なものにすることです。他の人の心はゆったりとし、
成功し、自分は更に一段レベルが上がるのである。

五、天下に道があり、人は自然に道に従って行う。これは大海が川と
谷の水を求めなくても、川と谷の水が自ら流入する道理と同じである。
もし天下に道が無ければ、すなわち「法なるものが明らかになればな
る程、盗賊は沢山現れる」（第五十七章）となる。これは治水と同様
で、遮る事と通す事は必ず関係していて、ただ遮るだけで通さないよ
うでは、堤防は必ず崩壊するのである。

六、人が地球旅行に来たのは人間関係を煉るためであるが、レンガや

瓦を煉れば堅固になるが、しっかり練らないと窯に入れる前の生地と同じで、水を注いでとろとろになったように見えるのだ！

七、人は人を欺くが、天は人を欺かない。天が人に福を加えるのはみな逆境それゆえに来るものである。もし逆境の最中にロケットが偶然落ちてきたら、途半ばで無益なものになるだろう。

八、人生の不成功には原因が二つある。一つ目は思考停止、これは心理と生理が滅亡に向うためである。二つ目は得意満面、これは眼中に人無く極度の興奮の中に在って滅亡に向うためである。

九、機会とは迅速に回転する門のようなもので、門が開いていて自分の面前に来た時、準備している人は苦労無しで入って行ける。

十、人を寛大に許せず、間違いを責めずにいられないでいつも他人の欠点ばかりに目を付けていると、最後には自分が苦しくなる。感情の鬱屈が次第に長大になる時、身体はまさにそれに飲み込まれてしまうだろう。

第33章　自らを知るための修養

第 三 十 三 章　　明 人 修 養
（ディーサンシーサンジャン　　ミンレンシウヤン）

知人者智、自知者明。勝人者有力、
（ヂーレンヂョーヂー　ズーヂーヂョーミン　ションレンヂョーヨウリー）
自勝者強。知足者富、強行者有志。
（ズーションヂョーチアン　ヂーズーヂョーフー　チアンシンヂョーヨウヂー）
不失其所者久、死而不亡者 寿。
（ブーシーチースオヂョーヂウ　スーアルブーワンヂョーショウ）

　他人のことがはっきり分かる人は智慧があり、自分のことが分かる
人は賢者である。他人に打ち勝つ人は力があるが、自分に打ち勝つ人
は本当に強い。満足を知る者は富み、粘り強く行う人は志がある。自
分の居るべき場所を失わない者は長続きし、身は死んでも精神が亡び
ることの無い者は長寿である。

一、「自分に打ち勝つ者」の特徴は、外面は柔弱であるが内心は極め
て強大である。水は外面柔弱の類であるが、強大無比な物質を内在し
ている。潮が来る時には潮が来て、潮が引く時には潮が引く、その結
果は円融にしてバランスを取っている。

二、人のために生きる者は常に他の人のことを考えるべきで、「私は
この世界のためにいったい何を支出できるのだろうか？」と考えるの
である。自求自証できる者は、「自ら知る者は明」の人である。

三、才気を人目に触れないようにする時があり、これは更に良くなる
ための気宇壮大な行為であるが、「粘り強く行う人には志がある」の

ことである。「粘り強く行う人」とは、大愛の使命を具有する人で、ただ大愛的生命があれば、上天とあらゆる人を感動させられるのである。

四、人心が和諧してはじめて、社会が安定し世界が平和になる。災難が起きるのも消失するのも完全に人心によるのであり、人心が善に向えば災難は無くなり、人心が不善ならば災難を呼び込むのは時間の問題である。

五、宇宙は大磁場であり、人は小磁場である。宇宙は生命蓄電池のプラス極で、人はマイナス極であり、和諧的な思想は幸福自在的人生回路を形成できる。

六、万物の存在には必ずその根源と本性がある。この根が道、この性が徳で、道徳は万物の生生不息（生じて止まない）の根源である。

七、毎日よく鏡に映すことを習慣にするべきで、自分を映し人を映し、自己を明白にすると、他の人を理解できるようになる。よく笑って最後に成功する人は、みな自分のことから始めた人である。

八、煩悩魔、怨念魔、傲慢魔、躁動魔、疾病魔、怠慢魔に打ち勝つ力量がある人は、最後には得道の機会があるはずで大英雄と称される。

九、人は良くない天性を捨て去って極限まで突破できると、事々に不平不満が無くなり感謝して、厚徳が日毎に増すようになる。

十、今現在、身体を鍛錬する時間の無い人は、以後病院に通う事を覚悟しているのだろう。健康は支払う代価を必要としているが、不健康は更に大きな代価を支払う事になる。

第34章　大道の品格

第三十四章　大道品格

大道汎兮、其可左右。万物恃之而生而
不辞。功成而不名有。衣養万物而不為
主、常無欲、可名於小。万物帰焉而
不為主、可名為大。以其終不自為
大、故能成其大。

　大道は気勢あふれ、どこにでもあり、左にも右にも行き渡る。万物
は道を頼りに生まれるが、道はそれらの自生に任せるだけであり、造
化の働きが成し遂げられても、自分がやったと言うわけではない。万
物を大切にし育み養うが、自分の所有するものだと言うわけではない。
道が名前や位を求めないのは道の品性であり、人が看ようとしても見
えないので、小と言える。万物は道に帰っていくが、道はそれらを支
配しようとはしないので、その品性を大と名づけることができる。そ
う言うわけで、「道」は終始自分を偉大だとしないので、だから偉大
と成りうるのだ。

❖　　　　　❖　　　　　❖

一、大道は天地万物の中に存在し、普遍的に万事万物の世話をするの
で、万事万物はみな大道を頼って繁栄している。万物に対して言うと、
道は功があっても居座らず、成功しても恃まず、だから道は恒久に存
在するのである。

二、大道は無形にして天地を生育し、大道は無名にして万物を長く養う。正しく（まさ）そのために自己を隠し渺小（びょうしょう）なるものとし、偉大とせずに自居するので、無辺無限広大に包容できるのだ！　それは自然的、恒久的、流行的なのだ！

三、道は万物に生存が必要としている一切のものを提供しているけれども、主人として居座って万物の自由を思い通りに干渉したりはしない。舞台を他の人に開放し、その人の環境を完成するために道はあるのだ！　自然大道は人の永遠の指導者である。

四、利他は実際大きな智慧であり大きな福報でもある。もし私たちが今世の人生途上で、社会や他人を利益すれば、自分の生命銀行に更に多くの資金を入れる事になり、良い循環的生命磁場を形成するだろう。

五、何時でも何処でも安心できるのは自身の平凡な地位である。たとえ内事でも外事でも、必要ならば自分を第一責任者とする。このような人は遅かれ早かれキラキラと輝き、運命的幸運者になる。小に満足すると、偉大に成れるのである。

六、自分を大としない人は、大度量、大安心、大自在、大成功を完成する人である。

七、貪ると何がよいのでしょうか？　人は何を貪って何を失うのか。財を貪って財の上に死す。貴を貪って貴の上に死す。情を貪って情の上に死す。超脱できるのは道を有することで、清心寡欲こそ私たちの身体を滋養できる。

八、有道の人は功を誇らず、才を恃まず、物に傲らず、もしこのようであれば、上天は必ずこの人のために更にレベルの高い成功に通じる道を創始する。

九、他の人の成功を助け、しかもその功労をみんなに帰し、自分は相変わらず人の注意を引かないで謙虚に守弱する、これは修練の真の努力である。

十、一切の個人的問題を解決する間違いのない三つのステップは、第一は不平不満を漏らさず、恐れないこと、第二は自己の能力を信じて自己の理想の目的を実現すること、第三は愛心と包容心、及びこれらの有効な力を用いて実践することである。

第35章　道の無限の効用

ディーサンシーウージャン　ダオヨンウーチオン
第三十五章　道用無窮

ジーダーシアン　　ティエンシアワン　　ワンアルブーハイ　　アンピンタイ
執大象、　天下往。往而不害、安平太。
ローユィアル　　グオコーヂー　　ダオヂーチューコウ　　ダンフーチーウー
楽与餌、過客止。道之出口、淡乎其無
ウェイ　　シーヂーブーズージエン　　ティンヂーブーズーウェン　　ヨンヂー
味。視之不足見、　聴之不足聞、　用之
ブーズージー
不足既。

　誰もがいつでも偉大な品質（道）の形象を掌握している。そのよう
な処には、世界中の人が請われなくても自然に集まってくるものであ
る。集まってくる人は全て妨害を受けず、自然に安寧になり、平穏で
ゆったり落ち着ける。美しい妙なる音楽や、芳醇な酒、美食には、通
りすがりの旅人も匂いに引き込まれ、足を止め、振り返らせる。だが、
道に関することが言葉として発せられても、それは淡白で味もそっけ
なく、看ようと思っても、その姿かたちは看ることが出来ず、聴きた
いと思っても、その音声を聞くことが出来ない。ただし、その働きは
かえって大きく窮まり尽きることなく、いくら用いても、用いつくせ
るものではない。

一、大道の至って単純最高な真理は、ある意味で平淡で普通なもので
あるが、平淡で普通とはある意味ではなくすべて真理なのだ！

二、「安平泰」は創造、広大、平衡を表わしている。また、「安平泰」
は感謝を表わしている。天地万物に感謝し、偉大な祖国に感謝し、社

会と大衆に感謝し、父母に感謝するのである。「安平泰」は安心、平安、吉祥も表わしている！

三、天下万物はみな自己の自画像を有しているが、象は「相」に通じ、多くの人は物事に触れると素早く直観でこれを感受する。たとえば凶相、善相、富貴相、貧賤相、長寿相、夭逝相などである。しかし「大象」と称せられる者は、ただ無形無象にして、その大は無の外まで大きく、その小は無の内にあり、及ばない所のない大道である。

四、「世の中の人が集まって来る」とは、自然に多くの人が頼れる所へ向って集まって来ることである。この道理は「道と一体になった者は、失もまたその人を得るし、失と一体になった者は、道もまたその人を失とする」（第二十三章）に相通じる。

五、一人一人はみな自分を師とし、衆生を師とし、天地万物を師とする。みなさんの自在、自由、自然的な生活は、自己の生命領域の「世の中の人が集まって来る」所に在り、それは不言の教え、無為の治によるものであり、その向かう所は害することの無い安平泰的な平和で繁栄する時代である。

六、不利な目に会うことは大きな便宜を学ぶこと、苦を受けることは大きな安楽を修めること、和気は大きな力量を整えること、喜捨は大きな結集を造ることである。心と宇宙のエネルギーが和諧一致する時、私たちは完全に更なる平安で幸福で自在になれるのである！

七、道を学ぶには、先ず慚愧を学ぶべし。自ら慚愧を知れば道心を有す。修練は先ず自己を修めるべし。本心を探求すれば至る所で宇宙のエネルギーに接続でき、発見した問題は解決できる問題になるだろう。

八、時間を度々酒食遊楽に費やすと生命力を消耗させてしまう。時間を修練、学習、思考のために思うままに使うと、堅持すること数年で成功が向こうからあなたを招き、あなたの人生に変化が起きるだろう。

九、人生の途上で私たちは常々偉大な事柄を行うすべがないけれども、私たちは偉大な愛によって小さな事はいつもうまく行うことができるのである。

十、人はこのレベルの地球にいて、五官（眼耳鼻舌皮膚）の制約を受けるため、道に至る存在を感受することは容易ではなく、ただ楽しいおやつ的な物質の誘惑を感受してしまう。実際の生活は道に関わらない所はなく、道は至善、至愛である。愛が融けて生活の中に入る時、私たちは自然に、「食べている物をうまいと思い、衣服に満足し、住居に安んじ、習俗を楽しむ」（第八十章）ような福のある生活に移行できるのである。

第36章　奥深き叡智

<ruby>第三十六章<rt>ディーサンシーリウジャン</rt></ruby>　<ruby>大智微明<rt>ダーヂーウェイミン</rt></ruby>

<ruby>将欲歙之<rt>ジアンユィシーヂー</rt></ruby>、<ruby>必固張之<rt>ビーグーヂャンヂー</rt></ruby>。<ruby>将欲弱之<rt>ジアンユィルオヂー</rt></ruby>、<ruby>必<rt>ビー</rt></ruby><ruby>固強之<rt>グーチアンヂー</rt></ruby>。<ruby>将欲廃之<rt>ジアンユィフェイヂー</rt></ruby>、<ruby>必固興之<rt>ビーグーシンヂー</rt></ruby><ruby>将欲<rt>ジアンユィ</rt></ruby><ruby>奪之<rt>ドゥオヂー</rt></ruby>、<ruby>必固与之<rt>ビーグーユィヂー</rt></ruby>。<ruby>是謂微明<rt>シーウェイウェイミン</rt></ruby>、<ruby>柔弱勝<rt>ロウルオション</rt></ruby><ruby>剛強<rt>ガンチアン</rt></ruby>。<ruby>魚不可脱於淵<rt>ユイブーコートゥオユィユエン</rt></ruby>、<ruby>国之利器<rt>グオヂーリーチー</rt></ruby>、<ruby>不<rt>ブー</rt></ruby><ruby>可以示人<rt>コーイーシーレン</rt></ruby>。

　何かを縮小させようと思うならば、まずそれをいっぱいに拡大させると良い。何かを弱めようと思うならば、まずそれを強くさせると良い。何かを衰退させようと思うならば、まずそれを繁栄させると良い。何かを奪おうと思うならば、まず何かを与えると良い。このような事を内在する明知と呼ぶ。柔よく剛を制すというのはこの事である。魚は深い淀みを離れることは出来ない。このような国家の利害を左右する事柄や重要政策は簡単に人に明かすべきではない。

一、万事万物にはすべて「<ruby>度<rt>ど</rt></ruby>」があって、人が勃興、強大、発展、繁栄する時、正に衰退の開始に向かって行く。これは天地間にある「弱めようと思うならば、まず強くしておかねばならない」というように平衡する弓のことである。(弓を引く時、弓の上端が下がり下端は上がる意味)

二、貪心には何かよいことがあるのだろうか？　何でもみな手に入れようと弄しても、結果としてみな失ってしまう。「奪おうと思えば、まず与えておかねばならない」、これは世界には無料のランチは無いということである。

三、生命には二つの秘奥のドアがある。……一つのドアは有形有限に向かい、もう一つのドアは無形無限に向かう。あなたが有形有限に向かうドアを開ける時、あなたは無形無限に向かう大きなドアを閉めているのだ。

四、安らかさは柔弱の中にあるべきで、柔弱なものの中に生命力を含み納めている。柔弱と不利な目に会うことは決して愚かな人のすることではなく、便宜を占有してはいけないので生活難になっているのである。柔弱は一種の能力で、これは智慧の表現であり、剛強に勝つことができる真実の力である。

五、物極必反は大自然の規律であり、自ら尽力して自分のことをやり終え、それが国や社会にとって大変有益なことになっても、是非成事は天に任せるのである。得失のために骨身を惜しむ必要はなく、心を尽くせばよいのである。

六、他の人とあなたが同じ高さに立つことを期待してはいけないし、他の人とあなたの見識が同じであることも期待してはいけない。更にいつも自己を正しいと思ってはいけない。一日中限度を超して拘ると、物極必反（物事は極点に達すると、必ず逆の方向に転じること）になるだろう。

七、人生の意義は自己の探求にあり、他人を概観するに非ず。

八、人は如何して諸事不順になるのか？　悪い習慣が重過ぎるので、体内に濁気を形成し、天性の霊気を遮り閉ざしてしまうからである。悪い習慣を捨て去り、徳性を修めれば、自己の天性は円満になれるのである。

九、人生の途上で困難に出会うことは避けがたいので、考え方を変えることを学ぶべきである。……考え方を変えることは前進のひとつの方法であり、心機一変するならば、逆境も良い機会を出現させるのである。

十、成功は無の中で生まれる過程であり、達成する目標が必要としている人、物、事をあなたの生活の中に引き寄せるのである！

第37章　天道と人の欲

第三十七章　天道人欲

道常無為、而無不為。侯王若能守之、
万物将自化。化而欲作、吾将鎮之以
無名之樸。鎮之以無名之樸、夫将不欲。
不欲以静、天下将自定。

　道は常に自然の法則に従って事を為し、しかも黙々として耳にする
ことも無いが、道によって成し遂げられないことは無い。侯王が、も
しその中の理を把握すれば、万物は自から発展し、変化するだろう。
発展変化した後、勝手に欲望の芽が萌え動いてくれば、私は、黙々と
して耳にすることの無い素朴な物によってそれを鎮めなければならな
い。黙々として耳にすることの無い素朴なものによってそれを鎮めれ
ば、欲望はなくなるだろう。欲望の心が無くなれば心は平静になり、
天下の万物は当然のこととして安定するだろう。

一、無為は「自ら変化して自ら治める」ような生命の境地を表わして
いる。無為の人は事に当たって実直な人柄で、あふれる才能や才気が
あり、志が強く人に媚びず、光明磊落、功高く徳貴であるけれども、
その人の話しは思いのほか他の人の心を温めることができる。

二、無為と不言のやり方を用いて世間事を行うとは、万物を自然の生
長に任せ、一人一人をその人の生命の花の特性に従う生長に任せるこ

とである。万物を生み育てるが占有せず、自己を吹聴せず、功労者として自任しない、故にその功績は永久に存在する。「無為」を自身に発心して万物の自然の発展を助けるけれども、覇道しないのである。

三、道は求めずして自ら応じ、道は為さざる所無く、能（あた）はざる所無し。

四、事に当たって実直ではあるけれども、強硬鋭利には見えない。志が強く人に媚びないけれども、勝って気儘に人を侮らない。功徳が巨大にもかかわらず、一筋のまぶしく強い光もない。これは老子が説く「無為にして自ら変化し、天下はまさに自ら定まるだろう」というような和諧の境地である。

五、無欲はすなわち柔にして自然大道に通じる。これを道徳と呼び、これを能力非凡と呼ぶのだ！

六、上天は厚生の徳を有しているので、人が慈悲深く、親孝行をして和諧するのを最も喜ぶ。このような人は自身が窮地にあっても上天の御加護があるだろう。何故なら、起死回生して発展振興できる人がいても不思議なことではないからである。

七、時としてエネルギーが妨げられる原因の起源は混乱する精神にあり、その中で引き起こされる最も重大で邪魔なものは恨み言と恐れである。エネルギーが妨げられる結果、ただその経験を繰り返すだけで、再びつらい目に会い二度三度と苦難に遭遇する。

八、天に道が無ければ、地は裂け天は崩れる。心が不正ならば、天災と人禍だ。自分を正しくすると万物も良くなるのは、正道（せいどう）を離れないことが最も重要だからである。

九、人が世の中で生きていく上で、心身を健康に保持する秘奥は正気<ruby>正気<rt>しょうき</rt></ruby>に満ちて凛としていることである。もしあなたがいつも正気凛凛の状態ならば、人の 70％の不治の心因性疾病を癒し、自然に安定させることが可能である。

十、愛の法則は十分に力を与えることであり、愛は宇宙全体から集まる智慧を吸引して私たちを祝福することができる。挫折は一個人を偉大にもするので、天を恨んだり人を恨んだりしてはいけない。挫折をしていいかげんに日々を過ごすと、実際は自己の生命力を落としてしまうのである。

第三十八章　功徳標準

ディーサンシーバージャン　ゴンドービアオヂュン

上 徳不徳、是以有徳。下徳不失徳、是
以無徳。上徳無為、而無以為。下徳
為之、而有以為。上仁為之、而無以
為。上義為之、而有以為。上礼為
之、而莫之応、則攘臂而之。故失道而後
徳、失徳而後仁、失仁而後義、失義而後
礼。夫礼者、忠信之薄、而乱之首。
前識者、道之華、而愚之始。是以大
丈夫処其厚、不居其薄。処其実、不
居其華。故去彼取此。

　品位高尚な徳が備わった人は、自分から徳があるとせず、だから真
正の徳がある。徳の少ない人は、獲得したものを平静な心で棄てるこ
とが出来ず、しかも、徳に執着する。だから、徳がなく身にも付かな
い。徳が充分に備わった人は、自然に従い、自分の内心から発露して
徳を施し、しかも、自分がとか目的とかはない。徳が少ない人は、対
象があり目的があって、徳を施し、行為をする。仁を重んじる者は、
徳を施そうと努力するが、自分個人の目的はない。義を重んじる者は、
徳を施そうと努力するが、それには対象があり、範囲があり、目的が

ある。熱心に礼の話をする者は、徳を施そうと努力するが、作為があり共感するところがない。そういう人は弁が立ち、詰問する。つまり、最初に「道」が失われると徳のことが言われ、徳が失われると仁があり、仁が失われると義が言われ、義が失われると礼が言われる。礼などというものは、忠、信の衰退したもので、災いの発端となるものである。予言は、道が虚飾なもの、愚かなものになってしまう始まりである。本当に立派な人間というものは、人間味が素朴であり、うすっぺらな礼に落ちることはない。質朴にして、見かけだけが良いようなところには居ない。だから、仁義礼といったものを捨てて、朴実を選ぶのである。

一、大道の本源に回帰すると、一切は簡単、自在、自然なのだ！　純朴な力量は最大で、純朴が通じる人生こそ永遠に不変な人生なのである！

二、道はあなたに何も失わせはしないし、むしろ道はあなたから最初に始めて、他の人の一挙手一投足とつながり、世界はあなたに因って更に麗しくなる。

三、人間全体は二つの生命の類型に分かれている。すなわち無為と有為である。道と徳は無為の類型に属し、仁、義、礼は有為の類型に属している。宇宙における最高の時空は道で、異なる境地の生命は異なる時空エネルギーの加持を得られるのである。

四、もしあなたが大道を得られなければ、徳のレベルで事に当たる。もし徳のレベルにも達しなければ、仁のレベルで事に当たる。もし仁のレベルにも達しなければ、義のレベルで事に当たる。もし義のレベ

ルにも達しなければ、礼のレベルで事に当たる。道はいっぺんに頓悟<ruby>頓悟<rt>とんご</rt></ruby>
（修行の段階を経ずに、一挙に悟りを開くこと～「広辞苑」）にまで至る
ことができるし、道はまた漸悟<ruby>漸悟<rt>ぜんご</rt></ruby>（順を追って修行し悟りを開くこと～
「広辞苑」）を通して、絶え間なく自己のレベルを高めることもできる。

五、道の質朴、忠信、懇誠の厚い処に遵って、自己の心霊を終始水の
ように謙虚に低地に居るようにさせると、無為にして為さざるはなし
の境地に進入する。このようにしてこそ偉丈夫の為すべき所となる。

六、徳には上徳と下徳がある。上徳は自然に順応し、功績に居座らず、
占有もしない。下徳は徳を積みたいと思い、ひたすら人に自分が有徳
の人であると知らせて満足する。

七、小は勤勉を信頼し、中は智を信頼し、大は徳を信頼し、終わりは
道となる。これは宇宙に生きる人の大智慧である。

八、仁とはお互いに真の誠で相呼応し、人を愛し自分を愛し融合一体
となる。義とは正直な心で自分に約束ができ、義を尽くすのである。礼
とは社交辞令の往ったり来たりを尊び、美しく、熱烈で、景色のようだ。

九、人生はこのようである。和を考えている優秀な人と一緒に居ると、
あなたも優秀になれる。他の人の優劣によく気付くことができると、
自己を内観し、更にそれを把握して自己の長所に転換し、あなたは有
道的智慧者に成れるだろう。

十、老子の『道徳経』はただ本源を説き、規律を説き、品質を説き、あ
なたの自己に成ることを説き、「一切は自己が創造し、創造した自己が一
切である」とする。これこそ『道徳経』が含蓄する真実の意義である。

第39章　道を得て一を抱く

ディーサンシージウジャン　　ドーダオバオイー
第三十九章　得道抱一

シーヂードーイーヂョー　　　ティエンドーイーイーチン　　　ディードーイーイー
昔之得一者、　天　得一以清、　地　得一以

ニン　　シェンドーイーイーリン　　グードーイーイーイン　　　ワンウードー
寧、　神得一以霊、　谷得一以盈、　万物得

イーイーション　　ホウワンドーイーイーウェイティエンシアヂョン　　　チー
一以生、　侯王得一以為　天下正。其

ヂーヂーイエ　　ティエンウーイーチンジアンコンリエ　　　ディーウーイーニン
致之也、　天　無以清将恐裂、　地無以寧

ジアンコンファー　　シェンウーイーリンジアンコンシエ　　　グーウーイーイン
将恐発、　神無以霊将恐歇。谷無以盈

ジアンコンジエ　　ワンウーウーイーションジアンコンミエ　　　ホウワンウー
将恐竭。万物無以生　将恐滅。　侯王無

イーヂョンジアンコンジュエ　　　グーグイイーヂエンウェイベン　　　ガオイー
以正　将恐蹶。故貴以賤　為本、高以

シアウェイジー　　シーイーホウワンズーウェイグー　　　グア　　　ブーグー
下為基。是以侯王自謂孤・寡・不穀。

ツーフェイイーヂエンウェイベンシエ　　フェイフー　　　グーヂーユイウーユイ
此非以賤　為本邪。非乎。故致誉無誉。

シーグーブーユィルールールーユイ　　ルオルオルーシー
是故不欲琭琭如玉、珞珞如石。

いにしえより、およそ「一」を得たものは、大道と調和する、天は「一」を得て清らかで深遠である。地は「一」を得て、静かに安定している。神は「一」を得て霊験があり頼りになる。谷は「一」を得て、満ち溢れ、万物は「一」を得て変化し発展する。諸国の王は「一」を得て、天下の模範となる。もしそうでなければ、天は清くなることが出来ず、恐らくは裂けてしまうだろう。地がもし静かに安定していなければ、恐らくは転覆してしまうだろう。神がもし霊験でなければ、恐らくは消えて無くなってしまうだろう。谷川がもし水で満ちていな

ければ、恐らくは枯れてしまうだろう。万物がもし生命力がみなぎっていなければ、恐らくは絶滅してしまうだろう。諸国の王がもし高尚でなければ、恐らくは滅びるだろう。だから、このように貴いものは常に賤しいものが根本にあり、高いという事は常に下に基礎があるのです。それだから諸国の王たちは自分の事を「孤（みなしご）」とか「寡（ひとりもの）」とか「不穀（ろくでなし）」などと呼ぶのである。これは貴いものは卑しいものを根本としていることを言っているのであろうか、まさかそうではなかろう。だから、何でも得ようと思っても、何も得ることは出来ない。だから無欲は宝石のように人を貴くするが、多欲は只の石のように人を卑しくする。

一、「一」は万物の始めを表わしているが、また、物事の全体とその情勢も表わしている。「一」は一個人の徳性を表わし、人間社会が発展する規律の本源を表わしている。「一」は人の胸中にある道も表わしているが、たとえ天、地、神、谷、万物、身分の高い人でも、もし道を失い、「一」的な全体の見方を失えば、一切はみな下の身分に落下するだろう。

二、人生の「一」を守って生きていると、あなたに近付く人はすべて気分が良くなる。あなた自身のエネルギー体系はまさに何倍ものエネルギーを自動製造し、かえってますます自分を潤おすようになる。

三、人と自然は元来一つの生命共同体であり、自然が破壊され、人がその災難から離れられてもその災難は遠い存在ではなく、災難は一貫して偉大な教訓でもある。

四、天地は常々栄誉など求めていないが、天地が永遠に不変であると

は、求めずとも、もともとそういうものなのである。自然大道は天地
を造化するが、天地は無名に甘んじているので、永久に変わらない存
在になれるのだ！

五、人は「卑しいもの、下のもの」が自己の根本であることを認識す
るべきである。有道の人も玉のように光輝く必要はないし、質朴なら
ば更に少し良いのである。

六、成功しても引き続き自己を低く抑える、それこそ本当の尊貴であ
る。あらゆる高貴はみな低いものと卑しいものを通して顕れ出たもの
で、人の高貴の源はあなたの謙虚さと低位にある。

七、あなたが自立している有徳の人になれば、自然に立派な人を引き
寄せるだろう。心に大きな気が存在すれば、幸運があるのです！

八、人生は手にしたものを放下する過程である。しかし、あなたが捨
て切らないと地球は回らなくなると大袈裟に思ってはいけない。時と
して痛くなってからやむなく放下するが、自発的に放下するともっと
高く遠い所にまで行けるだろう。

九、守道とは何だろうか？　持続して絶え間なくよい事を行うことで
あり、これは道をよく守れば、すなわちよい事が来ることである。も
し悪い事を行うと、道も悪くなり、すなわち悪い事に至る。人命は完
全に自作自愛で、これが天理である。

十、どんな生命もみな「自分を保護」するべきなのは、それが至高無
上の目的だからで、これは生命世界の原則である。あなたの命運は何
処にありますか？　あなたの命運はあなた自身の胸の内に隠れて存在

し、心が大きければ幸福も大きいのである。

第40章　反とは道の動なり

<ruby>第四十章<rt>ディースーシージャン</rt></ruby>　<ruby>反者道動<rt>ファンヂョーダオドン</rt></ruby>

<ruby>反者道之動<rt>ファンヂョーダオヂードン</rt></ruby>、<ruby>弱者道之用<rt>ルオヂョーダオヂーヨン</rt></ruby>。　<ruby>天下万<rt>ティエンシアワン</rt></ruby><ruby>物生於有<rt>ウーションユィヨウ</rt></ruby>、<ruby>有生於無<rt>ヨウションユィウー</rt></ruby>。

　物事が転化して逆の面になるのは「道」の運動である。「道」の運動は柔弱であり、黙々として何も聞こえない。天下の万物は全て形あるものから生まれ、形あるものは大道という形の無いものから生まれる。

一、道の第一の特長は「反とは道の動である」。「反」は道の一種の運動規則と自我の保護である。「反」は物事に矛盾がなければ発展しないことを示している。宇宙がもし「反」を知らなければ、永遠に膨張してしまう話になり、まさに無限の空間に消散し、最後には雲散霧消して二度と戻らない存在になるだろう。

二、「弱は道の用である」とは、あらゆる浮躁、<ruby>貪瞋痴<rt>とんじんち</rt></ruby>、邪悪色淫、及び道に一致しない一切のすべてを捨て去ることである。「守弱」とは、身を処すには谷のような虚を抱くべきであるということであり、最後に到達する結果はまさに強大である。

三、最も力を与える処方箋は和諧の楽しさであり、和諧の楽しさの形態は「無」である。誰が見える物質を持つ事こそがよいのだと言うの

だろうか？

四、人はみな追いつめられて出て来て、こっそりと無から有の存在になったので、もし自分を一気に追いつめなければまったくの所、自分の持つ多くの優秀さを知らないのだ。

五、間違っても大丈夫、間違いは火を浴びても再生が可能で、真実の生命状態に戻れる事を表わしている。間違いは私たちが再度選択できて成功にまで至れる事を表わしている。

六、経験が無いことは悪いことではなく、一体誰が経験は必ず良いことだと言うのだろうか？　経験の無いことはまさに多くの可能性を満たしているのだ！

七、人には二次の生命の誕生がある。一次は肉体の誕生で、もう一次は霊魂の覚醒である。あなたが覚醒して衆生の利益を願う時、あらゆる資源はみなあなたに向って流れて来て、その資源によって衆生に奉仕するのである。

八、反対に思惟すると疾病の存在を改変できる。その根拠は生命の作用方程式が自分の願う目標を確認することであり、楽天的な農夫が自ら種を播き、自ら収穫して大変気持ちがよいのと同じである。人の70％の心因性の疾病には薬は役に立たず、心を塞ぐと身も塞ぐようになるので、心を修めることだけが問題を解決するのである。

九、慈悲、感謝、寛容、畏敬を理解もせず、また、これらを大切にもしないで、金山、銀山を守らせてから多くの友人を守っても、大成しないし、楽しくもない。

十、災難と大きな痛手は生存中の如何なる時にも存在し、その突然の来襲は防ぎようが無いだろう。もしあなたがそれらに遭遇したら、ただ穏やかに対面し受け入れて、然る後に理知を働かせて問題を解決するのである！

第41章　道を聞き、努力してそれを実行する

<ruby>第<rt>ディー</rt></ruby><ruby>四<rt>スー</rt></ruby><ruby>十<rt>シー</rt></ruby><ruby>一<rt>イー</rt></ruby><ruby>章<rt>ジャン</rt></ruby>　<ruby>聞<rt>ウェン</rt></ruby><ruby>道<rt>ダオ</rt></ruby><ruby>勤<rt>チン</rt></ruby><ruby>行<rt>シン</rt></ruby>

上士聞道、勤而行之。中士聞道、若
存若亡。下士聞道、大笑之。不笑、
不足以為道。故建言有之。明道若昧、
進道若退、夷道若纇。上徳若谷、大白
若辱、広徳若不足。建徳若偸、質真
若渝、大方無隅、大器晩成、大音希
声、大象無形。道隠無名、夫唯道、
善貸且成。

　優れた人間が「道」の事を聞くと、努力してそれを実行しようとす
る。普通の人間が「道」の事を聞くと半信半疑であり、やったりやら
なかったりする。くだらない人間が「道」の事を聞くと馬鹿らしいと
笑う。そうやってくだらない人間に笑われるくらいでなければ「道」
とは言えないものである。古代の文献にこんな言葉がある、「はっき
りと明るい道は薄暗く見える。しっかりと前進する道は後退するかの
ようである。ほんとうに平坦な道はちょっとした起伏を大きく感じる」。
高い徳のありさまは低い谷川のようである。広く行き渡る徳は物足り
なく感じる。確固とした徳は盗みをするように慎重で臆病に見える。
質朴純真なものは、良いことを見たら謙虚な態度に改まるようである。
真っ白な物ほど汚れているように見える。大いなる四角には角が無い

ように見え、大きく貴重な器は完成が遅い。大いなる音は聞き取りづらく、大いなる形には明確な形が無い。「道」とは黙々として何も聞こえない物の中に隠れています。「道」の品質を保持しているものだけが、巧みに創立し、巧みに終結する。

一、暮しの中に「優れた人」がいる。この人たちは何時でも、いかなる役割を担っても、みな国の利益を全体の和諧の中心とすることを理解している。この人たちは正しく修め、正しく悟る使命感のある人で、生命を用いて生命を呼び覚し、生命を創造する人である。

二、暮しの中に「普通の人」がいる。この人たちは積極的な向上心はあるのだが、ただ外界の妨害を受け易く、自己の決心を動揺させる。しかし道根を養成しさえすれば、必ず天地は感動し、その人を根が深く葉の茂った如意樹に置き換えてくれるのだ！

三、暮しの中に「くだらない人」がいる。この人たちは畏敬する心、精進する心、包容する心、及び自分に約束する精神が不足している。証道、修道、行道を鼻であしらう。しかし社会は前進していて、一切はみな改変的である。

四、上徳の人は、心の徳が広大で、受け容れない所はない。広徳の人は、終始自ら徳があるとは思っていない。厚徳の人は、天地の心を自分の心とし、今に至るまでも自ら厚徳があるとは思っていない。質朴の人は、純真さが出色と雖も、ごく普通の平淡な感じが表われている。

五、その白を知りながら、その黒を守るべしとは、真っ白なものが天下の大徳作用になるということである。大いなる人は、際限がないし、

内と外もない。大きな四角は隅（すみ）がなく角が無いように見え、折れ曲がらずに円くて平静で、どんな角もないのである。

六、天地間の最も美しく最も重い音声は、決して常に発生している一切を震撼させる轟きではない。本当の得道者は、愚鈍無知に似ていて何も知らないように見えるが、大きな音が聞き取りにくいように、大智は愚の如しである。

七、大器晩成は、得道の高い境地を指しているが、晩ければ良いという話ではない。これは修道とは焦って目先の利益を求めるようではならず、質を変じて量を変じる過程を指している。優れた人になろうと思うなら、多くの授業を勤勉に学ぶ必要がある。

八、人が愉快な時、細胞は円満で潤っていて若者のようだ。人が怒っている時、細胞は捩じれて干からびてお爺さんのようだ。がん細胞は一群の捩じれ曲がった細胞で、皺々に縮んだ細胞である。単純で楽観なことは病気の細胞を正常な円融的状態に戻すのを助てくれる。

九、小人物は無名で注目されないので、人からとても低く見られる。しかし人の注意を引かないことは、生長が最も安全で、最も空間があり、最も強大な生長能力を具えているのだ！

十、道は本来無名であるが、道が道と称するわけは、利己のためではなく万物のためであるからである。道があって初めて万物に恩恵を施し、絶えず新しいものを開始して万物に与える。道があって初めて天地は成就し、万物を化育し、更に最後には一切を成就する。

第42章　道は万物を生む

ディースーシーアルジャン　ダオションワンウー
第四十二章　道生万物

ダオションイー　イーションアル　アルションサン　サンションワンウー
道生一、一生二、二生三、三生万物。

ワンウーフーインアルバオヤン　チョンチーイーウェイホー　レンヂースオ
万物負陰而抱陽、沖気以為和。人之所

オー　　ウェイグー　グア　ブーグー　アルワンゴンイーウェイチェン
悪、唯孤・寡・不穀、而王公以為称。

グーウーフオスンヂーアルイー　フオイーヂーアルスン　レンヂースオ
故物或損之而益、或益之而損。人之所

ジアオ　ウオイージアオヂー　チアンリアンヂョーブードーチース
教、我亦教之。強梁者不得其死、

ウージアンイーウェイジアオフー
吾将以為教父。

　「道」は最初一個の気の集団であった。この気の集団が分裂し対立と統一の陰陽二つの気を生みだし、この陰陽二つの気が混ざり合い変化して調和の取れた第三のものを生みだし、この第三のものが再び混じり合い変化して万物を生み出した。万物は陰の気を背負い、陽の気を胸に抱いている。陰陽はつり合って新たな調和を生み出した。人々は「孤家（みなしご）」「寡人（ひとりもの）」「缺少食物（食べるものに事欠く）」などと呼ばれる事を嫌うが、諸国の王達はかえってこれらを自称する。つまり物事と言うのは損して得をし、得をして損をするということもあるのだ。守ろうとしてかえって損なってしまうこともある。人から聞いた良い事は私も人に教えよう。いたずらに強さを誇る者は、ろくな死に方をしない。私もまさにこの道理を最初に教えようと思う。

一、大道は見えも聞こえもしないが、現代科学の目下の研究が量子の世界のあり様にまで至っているようなので、これは真実の存在である。大道は無形にして宇宙と天地を創造した。大道は無情ではあるがおびただしい星々を秩序的に運行している。大道は無名ではあるが万物を孕育し、新しい生命を造ることができる。道は天地万物の秘奥である「陰を負って陽を抱く」を創生し、和諧している。

二、「三は万物を生ず」は偉大な創造の愛である。私たちはこの世界に在って、国家的な整備にあってはみな「三」の応用を重視する。人も三宝を有している。「第一に慈悲、第二に倹約、第三は世の中の人々の先頭には立たない」（第六十七章）である。生命にも三層があり、第一層は肉体、第二層は光体、第三層は道体である。生命がこれらに通じれば、すなわち万事吉祥となる！

三、宇宙の中の最大の宝物は道である。一人一人の宝物も道であり、あなたの博愛、謙虚、愛国、敬業、誠実、友善、柔和、畏敬などの神性の品質を用いて、あなたの宝物を始動させよう！

四、いかなる物事もすべて陰陽、剛柔、長短などの二つの対立面があるが、あなたの和諧によって生長力に転化できるのである！

五、自然には一種のバランス原則があって、あなたが不利な事に会ってしまったならば、上天は別の方法であなたを補うだろう。人間の幸せの持ち分もこのようなものなので、ひとまず安心なのだ！

六、如何なる身外の物もむだに得ることはできないが、これを可能とするのは持っている徳分との交換である！　ただし、これを得た後に徳を失えば、これを得ても長く保つことは難しい。徳を損ない徳を失

い尽くせば、命を保つことさえ難しい。

七、心霊の最高の境地は畏敬であり、もし人が畏敬心を持てばその人はきっと極上で、事業も順調、愛情があって幸福、気質は不凡、仁愛は増すだろう。

八、身外の物に心霊を使役させてはならず、金銭を親への愛情の代りに用いてはいけない。しっかり父母を敬って孝行するのは、父母はあなたの生命の根だからであり、孝行心を持ってあなたの根に水をあげると、あなたの生命の樹は枝葉が繁茂し吉祥となるだろう。

九、未来は金持ちには属さず、金持ちでない人にも属さず、以後の世界は大愛心の人たちの世界であるのだ！　道徳に順応する人は隆盛し、道徳に順応しない人は堕落する。

十、人は宇宙の子であるが、ただ身体が単純というばかりではなく、なおかつ天の部分をも含んでいるのである。人は天地の品質である柔と愛に順応しないと病が生じてしまう。規律を理解し、自律も理解することは、人を厚徳にして物を載せられる人物にするためである。

第43章　無為が有益

第四十三章　無為有益

天下之至柔、馳騁天下之至堅。無
有入無間。吾是以知無為之有益。不
言之教、無為之益、天下希及之。

　　この世の最も柔弱な物がこの世で最も堅固な物を思い通りにする事が出来る。また決まった形の無いものが隙間も無いところに入り込む事が出来る。私はこの事から無為である事の有益さを理解する。言葉に頼らない無言の教えと、無為である事の有益さに匹敵するものは、この世にはほとんど無い。

一、道は無形無象なので、天地万物の中に出たり入ったりすることができる。有形有象のものは必然的に壊れるけれども、無形無象のものは永く存在できるのだ！

二、宇宙の法則は損して益すべし、益して損すべしであるが、人生の福分もこのようである。富めば自ら足るを知り、福が来れば自ら止まるを知り、長久は自ら合道する。

三、本当に道を得た人は、いつも自分のことを成果も無いし、学問も無いと話す。本当の能力は決して顕示する必要はなく、ただ単にあなたが行くべき場所は、エネルギーが自然に流れて行く所なのである。

「形の無いものが、隙間のない所に入って行く」、これを知れば危険に
会うことはないだろう。

四、修行は「有」を追求するのではなく、生命的「無」に返ることで
ある。「無」は本原であり、無の中に有が生まれるのである！

五、修練は自己的な心を調和しなければならず、内心が不調和ならば、
会話の中の言葉で人を傷つけるだろう。言行と振る舞いがもし和諧し
ていないと、身体の細胞も和諧しないのである。

六、生命とは何でしょうか？　行うこと、受けること、自ら行い自ら
受けることである。受けることの三つの境地とは何でしょうか？　忍
受と接受と享受である。忍受の作用はエネルギーを消耗し、接受の効
用はエネルギーをバランスよくし、享受の効用はエネルギーを生長さ
せる。あなたはどの境地でしょうか？！

七、人の福徳が多くないのは、自分の問題を見ることなく、あらゆる
怨恨を他の人に押し付けているからである。他の人を気に入らないと
は、実際は自分の細胞も気に入らないのである。もともと他の人に対
して制限する事は自分を制限する事であり、他の人を怨めばその分自
分の生命線は萎縮するのである。人を怨むほど胸中は苦しくなり、病
を生ずる事にはならなくても、禍を招く事になる。

八、自分に関係があることは、私たちは絶えずきちんと清算したいと
思っているが、自分の不快な暗い影が写し出されてしまう場合がある。
心の中に太陽が昇る日は、内心の暗黒が消える日でもある。きちんと
清算する事は一つの簡単な方法であり、また最も高級で有効な方法で
もあるのだ！　内心に封じ込められた暗い影を一層一層釈放すると、

私たちは自己に内在する確実に充満している力量を発見するだろう！

九、昔から人々が受けた教育は剛強であるが、老子が提出した「柔弱」は本当の力量を持っている象徴なのである。柔が極点に至る時に「徳」となる。柔弱を修すべし！　柔弱の極になると一切を収容し、一切を引き受け、一切を利益することができるのだ！

十、教育の偉大さは不言と柔弱の無為の教えにあり、これは生長に関する鍵である。……たとえ話すことがあっても、それに頼らないに越したことはなく、たとえ特別に優秀であっても、優秀さをみんなに帰すべきである。

第44章　足りることを知れば、辱められず

第四十四章　知足不辱
（ディースーシースージャン　ヂーズーブールー）

名与身孰親、身与貨孰多、得与亡
（ミンユィシェンシューチン　シェンユィフオシュードゥオ　ドーユィワン）
孰病。甚愛必大費、多蔵必厚亡。
（シュービン　シェンアイビーダーフェイ　ドゥオツァンビーホウワン）
故知足不辱、知止不殆、可以長久。
（グーヂーズーブールー　ヂーヂーブーダイ　コーイーチャンジウ）

　名誉と生命とどちらが身近に感じるだろうか。生命と財産はどちらが大切だろうか。名利を得るのと生命を失うのとどちらがより害があるだろうか。過分に出し惜しみすれば必ず大きく浪費するようになり、過分に財産を蓄えすぎれば必ずそれ以上の損失を出すようになる。だから、満足する事を知れば屈辱などとは無縁になり、ほどほどを心得ていれば危険に会う事も無い。このようにすれば長久を保つことができるようになるのです。

　一、「名誉と身体とは、どちらが身近なものであろうか？　身体と財産とは、どちらが大切なものであろうか？　何かを得る事と失う事とは、どちらが苦しみであろうか？」。この老子の稲光り的な永遠の三問は、何回も何回も人の心を叩いているのだ！　歴史的な教訓は、財を貪ると財の上に死ぬだろう、賭けを貪ると賭の上に死ぬだろう、色を貪ると色の上に死ぬだろう、ということである。「貪」の一字は国を亡国に導き、更には申し分のない人も早々に黄泉の国に帰ることになる。だから、「貪」の一字は小さな事ではないのである。

二、人生の百年は一瞬だからはっきりさせるべきである。何が必要なのか？　何を欲望しているのか？　何を求めているのか？　これは生命に対して最も基本的な助けになる質問である！　生存中の学識や才能はみな浮雲のように頼りなく、ただ愛を担ってはじめて、全宇宙の正義神によるあなたに対する幸福と利益に接することができるのだ！

三、金銭と権勢は決して霊魂の帰る宿ではなく、生命を大切にして十分に生き、身外の物にあなたの心霊を使役させてはならず、金銭にあなたの生命を早々に消耗させてはならない。

四、人生の最大の錯誤は健康を身外の物と取り換えることである。人生の最大の悲劇は老いる前に死んでしまうことである。生命は値段の付かないもので、ひたすら蓄財を追い求めることは、人の世の最大の本末転倒である！

五、恩恵を受ける者は、恩恵を受ければ受けるほど残せない。惜しまない者は、施せば施すほどに得る。現実生活の中で他の人からの恩恵を好む人は、何某かの事情に便宜を確実なものにするだろうが、しかし長期に渡るときっと損をするだろう。

六、私は信じている。私に生起する事柄は、みな私の成長に対してとても必要なことであり、私をますますよくしてくれるものだとはっきり分からせてくれる。私は徹底的に信じている。どんな種を播けば、何が収穫できるのかと。

七、上等の夫妻はお互いに楽しんでいる関係である。中等の夫妻はお互いに理解する関係である。下等の夫妻はお互いに包容する関係である。もし包容にも至らなければ、お互いに傷つけ合うしかない。夫妻

は一種の融合であるが、ただあなたが柔軟な時に融合できるのである。もしあなたが頑なな人であるならば、あなたはどのように融合するのでしょうか?

八、幸福の秘密はいつも慈愛、いつも謙虚、いつも善良、いつも包容、いつも熱情、いつも精進、いつも余裕、いつも淡泊、いつも感恩、いつも喜悦である。

九、この時代男女の関係は親愛でないものを受け入れていて、規則や戒律は既に何処かに流れ去ってしまっている。しかし性のことは穏やかな親しさで交際して導くのである。談話も必ず距離を保って行えば、進歩的な振る舞いは生命の魅力と福寿を養うことだろう。

十、有道的人生を望むのなら、自分の周りの人を立派にすることを学ばなければいけない。周りの人は自分の生命の質量と命運の行き先を決定するからである。

第45章　成功の象徴

第四十五章　成功之象
_{ディースーシーウージャン}　_{チョンゴンヂーシアン}

_{ダーチョンルオチュエ}　_{チーヨンブービー}　_{ダーインルオチョン}　_{チー}
大成若缺、其用不弊。大盈若沖、其
_{ヨンブーチオン}　_{ダーヂールオチゥ}　_{ダーチアオルオヂュオ}　_{ダービエン}
用不窮。大直若屈、大巧若拙、大辯
_{ルオノー}　_{ザァオションハン}　_{ジンションロー}　_{チンジンウェイティエン}
若訥。躁勝寒、静勝熱。清静為天
_{シアヂョン}
下正。

　本当に完全な物は何かが欠けている様に見えて、その働きは衰える
事が無い。本当に満ちている物は空っぽに見えて、その働きは尽きる
ことが無い。本当に真っ直ぐな物は曲がっているように見え、本当に
巧妙な者は下手くそに見え、本当に能弁な者は口下手に見える。動き
回れば寒さをしのげ、じっとしていれば暑さをしのげると言うが、清
らかで静かな、ことさら何もしない者こそが天下の手本となることが
出来る。

一、「本当に完全な物は何かが欠けているように見える」、これは宇宙
の秩序に対する一種の描写であり、欠陥のある万物だから宇宙全体を
バランスを取りながら構成できるのである。正に万物はみな各々不完
全なので、宇宙は生生不息（生じて息まない）している。だから、こ
の世界上には欠点の無い人はいないのであり、往々にして過分な完美
の本身は一種の欠陥である。

二、一切の存在はみな合理的で、出現するあらゆる問題は正常なもの

である。遺憾な挫折が起きる時でも、全体を保つことは可能である。人生がこの遺憾なものを留めおければ、生命を保つ最良の処方箋になれるのである。

三、話すことや行うことには余地を留めるべきで、余地が有れば不足を補えるし、余地が有れば物を容れられるし、余地が有れば延年もできるのだ！

四、人は「隠すこと」や、愚鈍になって自分に宛がうことを学ぶべきで、このようにすれば自分に生長する空間を持たせられるし、また、他の人には優越的な喜びを持たせることができるのである！

五、空無は人生の最高の境地である。空のコップには水を容れることができ、空の部屋には人が住める。空無は一種の度量と寛容である。空無は「有」になる可能性の前提であり、空無は「有」になる最初の因縁でもある。

六、人生はただ一つのことを行う。それはあなたが自己の本心に返り、社会と和諧し、自己を成就することである。もし内心から投影された影がつきまとうと、煩悩を外部に増長させてしまい、あなたと他の人にとって全く無益なことになる。

七、肉体の属性は精でこれは見事である。霊魂の属性は神でこれは更に見事である。最も見事なのは、肉体が明らかに霊魂と結合して一緒になっていることで、これを精神と呼ぶのだ！　人が精神をなくしたら、身体と心霊の合一的な和諧もなくなってしまうのである！

八、私たちには十分な心の糧があるので、私たちを攻撃する人を迎え

入れることができる。私たちは自己の生命路線図中に起る一切を迎え入れて悔やんだりはしない。私たちは衝動したりはせず、道を知る温和な人なので最後は幸福である。

九、あらゆる天賦の才能は、すべてあなたが社会を和諧させるためと人々への奉仕のために持たされたものである。もし上天の有り難い好意と厚情を軽視するならば、あなたは自分の楽しく末永い幸福への正門を閉じてしまうことになる。

十、あなたが大衆を利益し、世界を利益する時、天はあなたを幇助するだろう。あなたが貪欲を争い、自利を謀り、道に背いて馳せる時、あなたのあらゆるエネルギーは流れ去ってしまうだろう。「一念天堂、一念地獄」、選ぶのはあなたです。

第46章　足るを知れば常に心楽し

<ruby>第<rt>ディースー</rt></ruby><ruby>四十六<rt>シーリウジャン</rt></ruby><ruby>章<rt></rt></ruby>　<ruby>知足常楽<rt>ヂーズーチャンロー</rt></ruby>

<ruby>天下有道<rt>ティエンシアヨウダオ</rt></ruby>、<ruby>却走馬以糞<rt>チュエゾウマーイーフェン</rt></ruby>。<ruby>天下無道<rt>ティエンシアウーダオ</rt></ruby>、
<ruby>戎馬生於郊<rt>ロンマーションユィジアオ</rt></ruby>。<ruby>罪莫大於可欲<rt>ツイモーダーユィコーユィ</rt></ruby>、<ruby>禍莫大於<rt>フオモーダーユィ</rt></ruby>
<ruby>不知足<rt>ブーヂーズー</rt></ruby>、<ruby>咎莫大於欲得<rt>ジウモーダーユィユィドー</rt></ruby>。<ruby>故知足之足<rt>グーヂーズーヂーズー</rt></ruby>、
<ruby>常足矣<rt>チャンズーイー</rt></ruby>。

　天下が「道」によって治められていれば、国も民も安泰であり、軍馬は農業の生産用に使用されます。天下が「道」によって治められない時は、狼煙が四方にあがり、懐妊した母馬は、戦場になっている城外や駐屯地の荒野で仔馬を産み落とす羽目になる。私欲が大きいことほど罰当たりなことはなく、最大の禍は満足を知らないことであり、貪欲こそがまさに最大の間違いなのです。だから、足りていると思うことで満足できる人こそが、永遠の満足を獲得出来るのです。

一、老子は本章で二つの場面を描いている。一つは社会が和諧してよく治まっている上等の場面である。他の一つは貪欲で足ることを知らず、ひいては戦争が起きる恐れのある場面である。二つの場面の中で、私たちは「<ruby>有道<rt>ゆうどう</rt></ruby>」と「無道」の区別をはっきりと理解することができる。

二、自然大道は本来満ち足りているので、人の本身が明らかに神性の品質に変化した時、自然大道の職責は人が持つ生命の豊富な需要に対

して、賦与し満足させることにある。だから、「ひたすら外に向かって求めても得られずに、苦しんでどうするのだ？」と言うのである。

三、足るを知ることは最も大きな能力である。貪る思いや慾心は人の心霊的癌病である。治療のための対症療法は、純朴さの保持と、少私寡欲である。この療法を二文字で簡述すると、「知足」である。

四、胸中に愛がある時、相手のために自分が犠牲になっても怨む気持ちを感じるはずはないだろう。これは私たちの本心が生み出したい生命体験でもある。怨む気持ちは往々にして心身を不健康にする殺し屋と婚姻関係にある。

五、子供に対する父親の最良の愛は、子供の母親をしっかりいとおしむことである。子供に対する母親の最良の愛は、子供の父親を気に入って高く評価することである。最良の家庭の躾は夫婦の恩愛であり、説教や溺愛や懲罰ではない。

六、宇宙にはできないことはないが、宇宙にも「三つのできないこと」がある。第一は何事も自業自得なので、代わってくれる人がいないこと。第二はあなたに代わって宇宙の資源と繋がることができないこと。第三は品格の備っていない人や、機会が熟さず縁のない人を救えないことである。

七、掴んだものを箒で掃いて、内心世界にある貪欲さと足るを知らない心を綺麗にする。心霊世界が清まれば、身体も清まるのだ。あなたの内にある閉塞し気持ちの悪い所がスムーズになれば、神も好む清い家となる。

八、今の世界は四人に一人が癌になる可能性がある。 過去十年間で
30 歳から 59 歳までの青壮年の癌患者数は 81％も増加した。実は良い
空気環境の中での徒歩、道徳経養生拳操舞の実践、『道徳経』の学び
とその活用、和諧する家庭、神性の特徴への明確な変化などによって、
70％の心因性疾病の発病を十分予防できるのである。

九、凡庸な人にはただ一つの命がある。……性命である。卓越してい
る人は三つの命がある。性命と使命と天命である。これらは本性と生
活と責任をそれぞれ区別して示している。あなたにはいくつの命があ
りますか？

十、成功して得意な時は、自分に告げてください。「わたしはただ糞
土とほこりの積み上がったものなのだ」と。このように自己を静かに
落ち着かせて、あらゆる成功をみんなに帰し、天下に帰すのである。
挫折して暗黒な時は、自分に告げてください。「世界は私のために生
み出され、存在しているのだ」と。このようにして心は明鏡の如くに
なり、一切のことはみな自分の性命的成長のためであることが明瞭に
なるのである。

第47章　智慧は不思議

第四十七章　智慧通霊
ディースーシーチージャン　ヂーホイトンリン

ブーチューフー　ヂーティエンシア　ブーオイイオウ　ジエンティエン
不出戸、知天下。不闚牖、見天
ダオ　チーチューミーユエン　チーヂーミーシャオ　シーイーションレン
道。其出弥遠、其知弥少。是以聖人
ブーシンアルヂー　ブージエンアルミン　ブーウェイアルチョン
不行而知、不見而明、不為而成。

　玄関から出ずに世界の事を知り、窓から外を観ないで自然の摂理を知る。遠くへ出かければ出かける程解る事は少なくなって行く。だから「道」を知った聖人は何処へも行かずに事の道理を知り、何も見ずに全てを理解し、無理しないで全てを成し遂げる。

　一、聖人は『道徳経』全体の極めて核心的な概念である。聖人が重点とするのは直接道を求めず、徳を求めないことである。あなたはただ「抱一」するべきで、あなたは「一」であり、あなたは道であり、あなたは徳である。道徳は人に対して影響力のある直接的原動力を放射できる。『道徳経』の一部分は聖人を育てる聖経である。

　二、この人は祈祷はしないが、恩典が常々身の上に降臨する。この人の思う所、話す所、行う所はみな善業を創造する。この人は心から望んで引き受けて喜んで行うが、愚かではなく責任を理解している。

　三、聖人の特徴は自己に打ち勝てることなのである！　聖人のすることは時空を通り抜け、更に真理によって人の心をずっと温めているの

である。これに因り聖人の残す教えは幾千年の後も真理であり、依然
として世代を越えて人の心を明るく照らしているのである！

四、人生には三つのレベルがある。第一のレベルは人の本性に属し生
存である。第二のレベルは神（かみ）の本性に属し大我である。第三のレベル
は道の本性に属し宇宙の原点である。神は人に近づこうとずっと努力
しているのだ！　あなたは努力して神に近づきたいと願っていますか？

五、人は足し算的に暮らしても引き算的に暮らしてもよく、必死の努
力はしなくてもよい。陰陽はバランスが取られているので、人生の重
要なことは生命がなめらかに、自在に、通じることである。

六、博愛は宇宙の品質であり、忠誠は合一の状態であり、謙虚は硬直
化しない原則である。私たちに博愛や忠誠や謙虚な性質が身に備われ
ば、自身は円満幸福の路を行くだろう。

七、どんなものも緊迫する状態で掴んでしまって心身を疲れさせては
いけない。それを自由にして自然に天成させることこそ、真の工夫な
のだ！

八、あらゆる生起（せいき）する事を怨んだりする必要はなく、あなたの命運を
編纂する人は存在せず、あなた自身があなたの命運を編纂するのだ！
抵抗する毎に智慧が失効してしまう。

九、結婚する秘訣は好きな人を探し、自分も好かれる人になることで
ある。結婚生活の秘訣は共通認識、了解、思いやり、尊重、助け合い、
包容である。これらは真の愛を繋ぎ止め、夫婦共に長生きする秘訣で
ある。

十、生存中に起こるあらゆることはみな私たちの智慧を呼び覚ます。
本来命運はみな過去の自分を映したもので、あらかじめうまく設定さ
れている。過去に私が憎悪したものが、現世に顕現しているのだろう。
この地球上にやって来たからには、私たちにはみな使命があり、これ
は毎回通過する挑戦的な過程であり、自己を覚醒するのである！

第48章　道を為せば、日増しに損ねる

第四十八章　為道日損
<small>ディースーシーバージャン　　ウェイダオリースン</small>

為 学日益、為道日損。損之又損、以
<small>ウェイシュエリーイー　　ウェイダオリースン　　スンヂーヨウスン　　イー</small>

至於無為。無為而無不為。取天下
<small>ヂーユィウーウェイ　　ウーウェイアルウーブーウェイ　　チュティエンシア</small>

常以無事。及其有事、不足以取天下。
<small>チャンイーウーシー　　ジーチーヨウシー　　ブーズーイーチュティエンシア</small>

不断に学問を修めると日に日に知識が増えるが、努力して「道」を
修めると私欲は日に日に減り、失われていく。減らした上にまた減ら
し、そうして無我的な無為の境地へと至るのだ。無我無為であれば出
来ない事などない。世界を治めるには、小さな事のきっかけを減らさ
なければならない。ことが起きてからでは、世界を治める資格が十分
あるとは言えない。

一、『道徳経』の五千語は実はただ二文字を説いていて、それは「為
道（道を修める）」である！　修道は学習問題に関連しているのでは
ない。学習とは命題の大小のことである。修道は生命の大きな智慧の
追求である。智慧を追求するならば必ず先に徳を正すべきで、徳を正
す過程は「損」の過程であり、まさしく自己認識の過程である。徳を
正すとは「無事（特別なことはしない）」であり、「無事」にしてよう
やく道の境地に進入できて大智慧を獲得する。

二、「修学者」は頭脳レベルの功能を重んじる。学習は大変重要であ
るが、これは水平レベルの事柄である。「修道者」は心霊レベルの功

能を重んじる。心霊的功能は内に求める方法を重視し、万法が宗（おおもと）に帰することを重視し、小我から大我に向う人生は引き算の実践を重視する。水平と垂直の統一があってはじめて、申し分のない人生体系ということができる。

三、「損した上に又損す」の意義は、「減らした上に又減らす」や「単純にして更に単純にすること」であり、道の偉大な創造力ならばすぐに顕れ出て来る。これはひとつの生命力が歩む過程であり、華を去って朴となる過程である。

四、力量と偉業で天下を落すとは、智謀を手段とし、事を行って天下を取ることである。『道徳経』の核心は「何もしないで天下を取ること」であり、厚道によって徳を蓄え、徳によって民を化し、民心を得る者が天下を得ることで、これは事業として最高に成功する道である。

五、矛盾を解くには兆候のある時に無形の中においてするべきである。人を転換するものは知らず知らずの不言の教えの中にある。言語はその裏で相手を操る性質を備えているので、言語による教えは人を潜在意識的抵抗に駆り立てるだろう。

六、子供の手は創造の手、万能の手なので、子供が興味を持つ権利を剥奪してはいけないが、溺愛は知らず知らずのうちに子供を冷たい白目の狼に育成してしまうだろう。親子は叱責よりも筋道を付けることが大切であるが、贅沢な保護よりも質素な自立が更に重要である。

七、愛の法則には十分な供給力があり、それは宇宙全体に集積する智慧を引き寄せて私たちを祝福することができる。何故ならすべての機会を逃すことなく、大愛の人に智慧を供給するからで、天を恨み人を

咎めるようなことをしてはならず、いい加減に日を過ごすのは実際には出鱈目に自己の生命力を失くしているのである。

八、智慧は私たち人生の第二レベル上の心霊の神こそが備えているものであり、心霊の神とは神性のことである。神性は「為さざるは無し」というような智慧が流れ出す所であり、私たちは後天の徳を用いて、神性を開いて凝集する必要がある。

九、自己の身上をよく保護してくれる特定の風水は、知足、感謝、精進である。……これは顔に現れる微笑と、蓄財のことである。三十五歳以前の福報は父母の援助によるもので、三十五歳以後の福報は自分が整えるものである。

十、生命と喜悦は一体的であり、私は肉体的存在に留まらず、喜悦的存在でもある。私がこの世界に来たのは苦を受けるためではなく、愛の学習、愛の奉献、愛の伝達のためである。私は胸中の喜悦を呼び覚ますと共に、生命の満ち足りた素晴らしさを享受するために来たのである。私は豊富な存在で、「喜悦」は私の別の名前でもあるのだ！

第49章　人々の心

ディースーシージウジャン　　バイシンヂーシン
第四十九章　百姓之心

ションレンウーチャンシン　　イーバイシンシンウェイシン　　　シャンヂョー
聖人無常心、以百姓心為心。善者

ウーシャンヂー　　ブーシャンヂョーウーイーシャンヂー　　ドーシャン
吾善之、不善者吾亦善之。徳善、

シンヂョーウーシンヂー　　ブーシンヂョーウーイーシンヂー　　ドーシン
信者吾信之、不信者吾亦信之、徳信。

ションレンザイティエンシア　シーシーイエン　　　ウェイティエンシアフンチー
聖人在天下歙歙焉、為天下渾其

シン　バイシンジェチューチーアルムー　　ションレンジェハイヂー
心。百姓皆注其耳目、聖人皆孩之。

　　聖人のように賢明な人は、自分に固定した願望はなく、人々の願望を把握しそれを自己の願いとする。善良な人には、私も彼を善良な人として待遇し、善良でない人も、私は彼を善良な人として待遇する。これをすなわち、有徳の善という。誠実な人には、私も彼と同様に信じ誠実であり、不誠実な人にも、私は誠実に向かい合い待遇する。これをすなわち有徳の信という。そういうわけで聖人は天下に身を置くとき、まさに、天下万民の心と渾然一体となる。人々は全て聖人たちの見聞するところに注目する。この様に聖人は人々を自分の子供と同じように待遇する。

　　一、『道徳経』は聖人の経典を編んだものである。第一の聖人は、自己の生活の中で合道して行い、自分の好むやり方で周囲の人を啓示し、暖かくし、教化する。一方では良い風潮を先頭に立って提唱し、また、一方では和諧を維持するのである！

二、第二の聖人は、自身の不言の教えを用いて、無為にして治めることにより周囲の世界を教化する。説く所、行う所の一切はみな長い年月に亘って伝わり続け、恵みは子孫の千秋の偉業となる。

三、第三の聖人は、本を書いて自説を発表して教化できる万世の聖人で、この聖人は人間社会が発展する必然の結果であり、宇宙に集積する智慧と神性意識に繋がっている。

四、聖人は「善く万物を利して争わず」の人である。心身が合一し、言行一致の人である。言う所、行う所、証する所を世界に放つことができるすべて真理の人である。

五、「万民の心を自分の心としている」とは、慈愛、善良、純朴を原点とし、和諧する社会の長治久安のために幸福と利益を図るのであり、自己の利益が原点ではない。

六、真心で善を行う者は一つの言葉や一つの事柄のために気分が悪くなるはずがなく、大自然の源から来る善を行う能力を内心に発生させているが、自己の利害得失に拘らないことこそ真の積徳なのだ！

七、善い事に大変精進する人が、最後にその功徳を無くしてしまうのはどうしてなのだろうか？　いつも自分をひけらかし、いつも功徳を自慢し、いつも傲慢のために身動きが取れないでいるからである。或る者などは些細な事までも問題にし始めるので、功徳はすでに消耗して失ってしまっているのである。

八、一人一人はみな曲折するのを好まないが、だだし、不遇が来たのなら必ず寛大な心で自分を強くするべきであり、必ず耐えなくてはな

らないのだ！　小さな不遇は小人物を鍛練し、大きな不遇は大人物を
鍛練できるのである！

九、天性そのままの人になるとは、あなたはまさに聖人である。持ち
前の性格のままで事を行い、いつも恨み言を言い、他の人の間違いを
見つけるとは、あなたは凡人である。怨む気持ちには毒があることを
知るべきで、苦しいばかりでなく、更に病気にもなるだろう。

十、成熟している最高の境地は善良である。全世界に対しても善良で
あり、天地万物を仰ぎ望みたいと思っている。……善良な心で人に応
対し人を心地良くすると、不善の人もあなたに善で応対するようにな
る。これが生命が通う自在性を修めるということである。

第50章　養生の道

第五十章　摂生之道
(ディーウーシージャン　デュオションヂーダオ)

出生入死。生之徒十有三、死之徒
(チューションルースー　ションヂートゥーシーヨウサン　スーヂートゥー)
十有三。人之生、動之死地、十有三。
(シーヨウサン　レンヂーション　ドンヂースーディー　シーヨウサン)
夫何故、以其生生之厚。蓋聞善生
(フーホーグー　イーチーションションヂーホウ　ガイウェンシャンション)
者、陸行不遇兕虎、入軍不被甲兵。兕
(ヂョー　ルーシンブーユイスーフー　ルージュンブーベイジアビン　スー)
無所投其角、虎無所措其爪、兵無所容
(ウースオトウチージアオ　フーウースオツオチージャオ　ビンウースオロン)
其刃。夫何故、以其無死地。
(チーレン　フーホーグー　イーチーウースーディー)

　人は皆この世に生まれては、いずれ死んで行く。十人いれば、寿命
をまっとう出来るのは十人の内の三人、寿命をまっとうできずに死ん
で行くのは十人の内の三人、本来長寿の可能性がある人なのに自ら望
んで死地に赴き、死んで行く者もまた十人の内に三人くらいいる。何
故そんな事になるのかと言えば、それは生に執着し過ぎるからである。
伝え聞くところによると、「よく生をながらえる人は、陸地を旅して
も猛獣にあわず、戦地に行っても兵士や銃弾に出くわすことはない。
猛獣の角や牙もその人を傷つける事は出来ず、兵器を使ってもその人
を刃で斬る事が出来ない。」という。それは何故かと言えば、自然と
死地を避けるからである。

一、長生を考えるならば、道に寄り添って行くべきである。もし道に
背いて「生きることに執着し過ぎる」と、養生にならないばかりでな

く、かえって滅亡が加速する。

二、老子が表現する「長生」は柔弱が剛強に勝つことである。この中の「強」は決して本当の強ではなく、あたかも強大であり見かけは強そうだが中身のない強である。一方柔弱は元気がみなぎっていて、活気に満ちて向上的である。老子の表現する長生の法則は、本質上依然として無為が有為に勝る思想である。

三、私たちのする事、話す事は、すべてみな生命を作ることになる。「生」は機会を創造し、「命」は構造と様式を限定する。命を直視すれば、生が得られる。

四、「善く生をながらえる人」は願望があり、熱意があり、神性と連結する思惟モデルがある。あなたの生命全体の構造はすべて、長く盛んな大愛の方向にあなたを前に推し進めるためにある。

五、一生涯あなたは善く天地に応対し、天地も善くあなたに応対する。あなたは善く万物に応対し、万物も善くあなたに応対する。あなたは善く動物に応対し、動物も善くあなたに応対する。……善良は人の死地を無くしてくれる。

六、道徳によって自己の生命を護り助けようとすると、人を死地の無いよく摂生する者にする。所謂「死地」は往々にして人の七情六慾であり、これは人の貪欲、足るを知らない心、冷淡、及び愚痴と傲慢などである。

七、生命の長短は私たちの人知では掌握する方法がない。しかし多くの人は要因があって短命になる。たとえば感情が激しく変化するなど

の好ましくない情緒や、喫煙、飲酒、麻薬などの良くない生活習慣である。その上自然の規律と社会規範を尊重しない勝手放題の行為なども当然であるが、これらはみな私たちの力で完全に掌握し、免れることができるのだ！

八、微笑は人の気質を豊かにし、包容は生活を麗しくし、善良は心地を清潔にし、謙虚は置かれている立場を順調にし、感謝は運気をますます良くする。

九、進歩的な思想は人と物事の好ましい共鳴と相互吸収を与えるだろう。しかし悲観的で恨み言の多い思想の波動は、常に運の悪いことを身辺に引き寄せるだろう。

十、問題に出会った時、私たちは自己処理に対して積極的になるべきであり、過去の傲慢な恨みや、悲しみへの恐れや、貪欲な邪淫を捨て去るのである。宇宙は時々刻々壊滅と再生を同時にしているようであり、古いものを滅ぼし、新しい生命を創造している。

第51章　道を尊び、徳を貴ぶ

第五十一章　道尊徳貴

道生之、徳蓄之、物形之、勢成之。是
以万物莫不尊道而貴徳。道之尊、徳之貴、
夫莫之命而常自然。故道生之、徳蓄
之、長之育之、亭之毒之、養之覆之。
生而不有、為而不恃、長而不宰。是
謂玄徳。

　「道」が万物を生み出し、「徳」がそれらを養育する。万物が具体
的な形態を持ち始め、自然の法則である変化の勢いが、その万物に内
在する発展の動力になった。だから、万物は「道」を尊び、「徳」を
貴ぶのです。「道」が崇められ、「徳」が大切にされるのは、誰からの
命令によるものではなく、自然と沸き起こる本能的なものである。だ
から「道」は万物を成長させ、徳がそれを養育する。万物を成長、発
育させ、成熟させて結実させ、それらをまた養い保護する。「道」は
万物を生み育てても自分の物とせず、手助けしても見返りを求めず、
指導しても支配しない。これを深遠な徳行（玄徳）という。

一、宇宙の根源は道、人の本性は徳である。人と宇宙の法則は根源と
本性の関係であり、これが「道徳」である。道は人類万物を創造した
が、道は名称によって美辞麗句を並べたものではないのだ！　道は私

たちに落ち着いてしっかり歩いて行くことを求めている。

二、「道はこれを生ず」は、生じる動力エネルギー源についてである。もしこのエネルギー源を養育する善行的な徳がなければ、この道のエネルギー体は浪費され萎縮してしまう。だからエネルギー体を自分のために用いたいのならば、「徳がこれを畜^{やしな}うこと」が必要となるのである。

三、道は「その身を大事にしながら天下のためにする者ならば、その者に天下を預けることができる」の道である。徳は「その身を愛おしみながら天下のためにする者ならば、その者に天下を託すことができる」の徳である（第十三章）。本当の慈愛と善行が無く、天下は公のためという願いも無いならば、この大道を修めることは許されないのだ！

四、道徳は本源に繋がり、規律を執行し、量を品質に変化させる生命の歩む過程であり、倫理を標榜して他の人を叱責する鞭ではない。

五、枝葉の繁茂や花が綺麗に見えるなどの末端の事情ばかりに思い浸っていてはいけない。根源を重視するべきで、本性にはもっと素晴らしい生長力があるのだ！

六、根本を大切に守る人は、社交や人脈作りなどの他人に媚び諂うことに手間を掛けたりはしない。人生に成功する人は、ただ人格の修養に力を注いでいるのである。自身が大海であれば、沢山の川は流れ着くのである。

七、水の品質は柔和で、いつも下に居て、争わず、万物を利益する。

水は人の生命（いのち）であり、一日に八杯の水は細胞を滋潤できる。水の品質を見習えば私たちは生命を滋養できるのだ！

八、一人一人はみな自己の命運路線図を持っているが、命運の真相は命運の半分は上天の手中に掌握され、他の半分は自身の手中に掌握している。成功とは自身の手中にある半分を用いて上天の手中にある半分を勝ち取ることである。

九、人生は実際には持つものも頼るものもなく、ただあるのは創造と結果である。プラスの思惟を用いてあなたの生命を創造するのか、マイナスの思惟によってあなたの生命を支配されるかである。

十、あなたは一切の根源であり、今日の結果はみなあなた自身に向って宇宙が出した注文書で得たものであるのだ！　玄徳修行はみな世人に知らされる情況下にはなく、黙々と自分の真心を放って天地万物のため、衆生のために行う大善行なのである。

第52章　同じ明りで互いに照らす

ディーウーシーアルジャン　　トンミンシアンヂャオ
第五十二章　同明相照

ティエンシアヨウシー　　イーウェイティエンシアムー　　ジードーチームー
天下有始、以為天下母。既得其母、

イーヂーチーズー　　ジーヂーチーズー　　フーショウチームー　　メイシェン
以知其子。既知其子、復守其母、没身

ブーダイ　　サイチードゥイ　　ビーチーメン　　ヂョンシェンブーチン
不殆。塞其兌、閉其門、終身不勤。

カイチードゥイ　　ジーチーシー　　ヂョンシェンブーチウ　　ジエンチャン
開其兌、済其事、終身不救。見常

ユエミン　　ショウロウユエチアン　　ヨンチーグアン　　フーグイチーミン
曰明、守柔曰強。用其光、復帰其明、

ウーイーシェンヤン　　シーウェイシーチャン
無遺身殃、是為襲常。

　天下万物には始まりがある。その始まりは万事万物の根源とすることが出来る。その根源を知れば、その生まれ、発展する姿を見ることが出来る。既にその発展状況を知れば、帰ってその根源を守らなければならない。そうすれば生涯危険を避けることが出来るだろう。道理に適わない情報が通る道を塞ぎ、心が外に向かう扉に鍵をかけて閉めれば、生涯病気や苦しみに会うことは無い。それに反して人体と外部の道理に適わない情報が通る道を開き、自然の事柄に符合しない一切の事を処理するために心を費やするならば、生涯救う手立ては無い。変わらない道を知ることを「明」という。柔弱さを守ることを「強壮」という。自らの智慧の光を働かして照らせば、自らの元々持っている「明」に帰り、わが身に禍は残らない。これを永久的な「常の道」という。

一、人は宇宙集体の智慧が流れる水路のようであるが、異なるレベルの人が異なるレベルに点在し、異なることを話し、異なる生命の花を造るのである。

二、生命力の成長とは段々に柔軟になり、感謝し、知足し、愛を充満にし、硬直せず、純朴になり、不平を言わず、知行合一すると、ますます静穏の中で体は生命的に盛大となるだろう。

三、あまり剛大になってはいけない。歯は堅硬でも脱落するが、舌は柔弱だから自在である。これだから人や物事に対しては柔弱であるべきで、柔弱を守ればまさに本当の強大となる。

四、光彩は人を照らすけれどもその人自身は輝いてはいない。しかし自性の光明は自分を照らす。自照だから、楚楚として感動的だ！　心が蓮華の如くだから、人生にずっと花が咲いている。

五、私は開放的な人間であり、いかなる時もみな私の平静心に影響しないし、いかなる時もみな私の他の人を愛する能力を剥奪するすべはない。私は何処に行こうと、愛を何処にでももたらすのだ。私は愛と智慧の根本を外に向って求める必要はなく、能力は私の内面に在ることを知っている。私たちのこの世界は愛の祝福を必要としている。

六、善念は人の一命を救う時が鍵になる。善念はそれを思えばやって来るものではなく、行動してそうなるものである。それは多くの時と所に蓄積と保存を必要とし、思惑を加えずに使う時が鍵になる。福は積善にあり、禍は積悪にある。

七、父母に親孝行する子供は「好命」と言う共通の名称を持っている。

お父さんとお母さんを幸福にし、自分の生命のために福を育成し、自分と父母の生命の根が連なり、これを連根と称する。

八、嫉妬はあなたを打倒しますか？　打倒するのは、あなたの面子である。背叛はあなたを打倒しますか？　打倒するのは、あなたの尊大な態度である。苦難はあなたを打倒しますか？　打倒するのは、あなたの信念である。

九、大道の理に通じる道路はいくらでもあるが、最も直接的で簡単な道路は向上する気質の内に求める路である。……あなたが宇宙の真相を理解するのを最も助けてくれるのは誰かというと、あなたの自己に内在する誠実心なのである！

十、あなたが何をするのかに関わりなく、みな本源に帰ることを少しもためらってはいけない。本源に帰るとは、一切がうまく処理できて、道の全ての本源に帰る最高の境地に到達できるのである。

第53章　道に背いて心が馳せる

<ruby>第五十三章<rt>ディーウーシーサンジャン</rt></ruby>　<ruby>背道而馳<rt>ベイダオアルチー</rt></ruby>

<ruby>使我介然有知<rt>シーウオジエルアンヨウヂー</rt></ruby>、<ruby>行於大道<rt>シンユィダーダオ</rt></ruby>、<ruby>唯施是畏<rt>ウェイシーシーウェイ</rt></ruby>。
<ruby>大道甚夷<rt>ダーダオシェンイー</rt></ruby>、<ruby>而人好径<rt>アルレンハオジン</rt></ruby>。<ruby>朝甚除<rt>ヂャオシェンチュー</rt></ruby>、<ruby>田<rt>ティエン</rt></ruby>
<ruby>甚蕪<rt>シェンウー</rt></ruby>、<ruby>倉甚虚<rt>ツァンシェンシゥ</rt></ruby>、<ruby>服為文綵<rt>フーウェイウェイツァイ</rt></ruby>、<ruby>帯利<rt>ダイリー</rt></ruby>
<ruby>剣<rt>ジエン</rt></ruby>、<ruby>厭飲食<rt>イエンインシー</rt></ruby>、<ruby>財貨有余<rt>ツァイフオヨウユイ</rt></ruby>、<ruby>是謂盗夸<rt>シーウェイダオクア</rt></ruby>。
<ruby>非道也哉<rt>フェイダオイエザイ</rt></ruby>。

　もし私に少しでもしっかりとした知識があったら、大道を歩く。ただ一つ心配なのは、よこしまな道に入ることである。大道はとても平坦で歩きやすいのに、小路を歩く人がいる。国家が腐敗し、田畑は荒れ、国の倉庫には何も無い。それなのに国を治める執政者は、華麗な服を身にまとい、腰には鋭利な宝剣を帯び、美味しい食事を求め、財産をたくさん持っている。これは強盗のようなものだ。彼らは「道」から外れている！

　一、大道の本来の姿は平凡でありきたりであり、きらびやかで多彩なものではない。単純でよくない所が何もなく、平常心と感謝心があれば容易に大道の門に入れるのである。光るけれども眩しくない人は、永遠不変の人になれるのだ！

　二、大道修行はひとつの内修の方法論であり、最後には道を明らかに

する過程に到達する。道を明らかにするとは決して「道」をただ知るというのではなく、私欲と汚染を絶えず取り除く過程である。内心は心身合一、内外合一、天人合一できるが、その内心を常に平静にする実修過程でもある。

三、人の体の上を流れる大道の遺伝子は、ごく容易に広大な大道の上を歩いて行く。しかし人はいつも機を見てうまく立ち回ろうと思って、自分にとって近道や好都合な場所をもたらそうとする。これは「大道はとても平坦で歩きやすいのに、小路を歩く人がいる」のことであり、事実上選んだ近道は相反する結果となって、でこぼこ道や曲がりくねった道だったりして、甚だしきは死路にもなってしまうのである！

四、徳は万物を滋潤するために用いる。積徳の根本は自己の大道の成就にある。行為に徳がなければ、大道を修めることは不可能である。

五、本当に成功する修行者は、永遠に門派的な制約を持たず、一つ一つの生命を尊重し、一つ一つの生命の開花を心から願っている。修行者の目標は遠大なもので、視線は柔和であり、その包容は寛大で思いやりがある。

六、禍福は相依存し合っていて、富と財が多くある時は余分になるだけでなく、更には生命の敗乱の開始にもなる。人が所有する最大の富は決して巨万の富や家の財産ではなく、なめらかな生命の成長を有していることである。

七、心身の霊的な治癒は枝葉を上下する様な技量にあるのではなく、本源に回帰することである。回帰の方法は自身の本性を明らかにすることで、円満と自在は本来あなた自身に属している。

八、いつも他の人の良くないことを考えていると、自身の心の灯が暗くなるだろう。生じる問題には勇気を持って責任を担えば、自身を発光させるだろう。

九、思惟は頭脳の中に隠れている見えない能力である。正しく有効に使えば、自己に内在する幸福の宝物を開発できる。誤解或いは不適当な使用はまさに災難的結果となるのだ！　何に比べても心の本性を向上させることが重要である。

十、道を得れば生じ、道を失えば亡ぶ、道は私の中に在り、私は道の中に在る。道を認める精神がないと、あなたは何をしても過ちになるのだ！　自然大道的精神の朴実性と建設性を充分に認識すればするほど、生命は活発に光り輝いて自然に生長するのである！

第54章　徳を修練することを本とする

ディーウーシースージャン　シウドーウェイベン
第五十四章　修徳為本

シャンジエンヂョーブーバー　シャンバオヂョーブートゥオ　ズースンイー
善建者不抜、善抱者不脱、子孫以

チージースー　シーシーブーチュオ　シウヂーユィシェン　チードーナイ
其祭祀、世世不輟。修之於身、其徳乃

ヂェン　シウヂーユィジア　チードーナイユイ　シウヂーユィシアン
真。修之於家、其徳乃余。修之於郷、

チードーナイチャン　シウヂーユィバン　チードーナイフォン　シウヂー
其徳乃長。修之於邦、其徳乃豊。修之

ユィティエンシア　チードーナイブー　グーイーシェングアンシェン
於天下、其徳乃普。故以身観身、

イージアグアンジア　イーシアングアンシアン　イーバングアンバン
以家観家、以郷観郷、以邦観邦、

イーティエンシア　グアンティエンシア　ウーホーイーヂーティエンシア
以天下、観天下、吾何以知天下

ルアンザイ　イーツー
然哉。以此。

　しっかりと建てられた柱は簡単に抜ける事は無く、しっかり抱え込まれた物が抜け落ちる事は無い。この様に「道」をしっかり守っていれば、子孫は栄えて先祖の供養が絶える事は無いだろう。こうした「道」の実践を個人で行えば、その徳は純真そのものであり、一家で行えば徳は有り余る程である。村で行えば徳は長持ちし、国で行えば徳は豊かになる。これを天下万民が行えばその徳は広く隅々まで行き渡る。だから自分自身を省みれば、他人を理解することができる。一つの家庭を観察すれば、その他の家庭も理解でき、一つの村を観察すれば、その他の村も理解でき、一つの国家を観察すれば、その他の国家も理解でき、天下を観察すれば、全ての天下を理解することが出来る。私がどうやって天下の情勢を知るかといえば、この様にしてである。

◈　　　　◈　　　　◈

一、修練は一種の絶え間のない自我の超越であり、立身と処世の基礎は心身合一から始まり、その後に高レベルの天人合一に向い、最終的には大道との合一の境地に到達するが、これが修道の道筋である。

二、修練の秘密はあなたが所在している系統を全体に一致させ、個体と全体の統一を悟ることである。すなわち家でこれを修めれば家人との合一の感覚があり、村でこれを修めれば村人との合一の感覚があり、国でこれを修めれば国民との合一の感覚があり、世界でこれを修めれば世界との合一の感覚がある。……この感覚は諸事を行う中に在って絶えず訓練できるのである。

三、人生の平安は、「個人でこれを修める、家でこれを修める、村でこれを修める、国でこれを修める、世界でこれを修める」ことであり、各々のレベルでの実践は「和」を修めることにある。「和」の原則は、「内に於いて品質を修め、外に於いて功徳を修める」ことである。大平安、大自在的人生の功徳は、「家、村、国、世界」の各系統が順序的に受け持つ内面の安定を維持することにある。

四、徳を修めることは生命が与える巨大な恩典の重さに耐えられるが、人の徳行がもしその人の地位に相応しくないものならば、自身の幸福を失うだろう。

五、体や、家や、国を観察している人の心は、対比しながら、先入観なく、何も思わずに見ているのであり、全体の空間を「しっかり抱えられた者」が生長できる環境にするためである。人に本質をはっきりさせる世界を与えることは、どんなものを与えるよりも重要なのだ！

六、いつも相手を変えようとすると、往々にして戦争を引き起こす。もし変えようとする相手がそれ程多くなければ、相手を受け入れること、これが包容である。

七、多くの人は遺伝子の宿命論を信じていて、或る者は父母が癌ならば自分の家族にも癌の遺伝子があると言っている。しかしあなたに伝えておくべきことは、厚徳によって新しい宇宙との繋がりを創造することができ、遺伝子と人生を再び形造ることができるのである。

八、子供と繋がる最良の方式を与えてくれるのは好ましい父母の役割をすることである。……あなたの中には対立も恐れも心配もないのだから、あなたは全体を和諧させるのです。あなたが何をしても、子供にとってはみな完璧で、子供も忠実にあなたに応じるだろうし、これは子供に対して奇跡の創造だということです。

九、どんな人も軽視したり、疎かにしたりしてはいけない。このことはまた、人的機会を発生させる一助となる。……一つ一つの機会はすべて自分の生命における最も重要な貴人なのである！

十、多くの人の成功はただ一時的な成功であり、その人が打ち建てた事業は容易に取り除かれ、その人の信念は容易に脱落し、甚だしきは中途でやめてしまう。本当の成功の秘訣は、天下において徳によって打ち建て、自己の心身を合一し、内と外を合一し、天と人を合一する。周囲の人を心から感服させることができ、天下の人に対しても同様にできれば、取り除かれることはない。

第55章　物盛んなればすなわち老いる

第五十五章　物壮則老
（ディーウーシーウージャン　ウーヂュアンゾーラオ）

含徳之厚、比於赤子。毒虫不螫、猛獣不据、攫鳥不博。骨弱筋柔而据固、未知牝牡之合而脧作、精之至也。終日号而不嗄、和之至也。知和曰常、知常曰明、益生曰祥。心使気曰強。物壮則老、是謂不道、不道早已。

（ハンドーヂーホウ　ビーュィチーズー　ドゥーチョンブーシー　モン　ショウブーヂュ　ジュエニアオブーボー　グールオジンロウアルジッグー　ウェイヂーピンムーヂーホーアルジェズオ　ジンヂーヂーイエ　ヂョンリー　ハオアルブーシャー　ホーヂーヂーイエ　ヂーホーユエチャン　ヂーチャン　ユエミン　イーションユエシアン　シンシーチーユエチアン　ウー　ヂュアンゾーラオ　シーウェイブーダオ　ブーダオザオイー）

　徳を深く修めた人は、生まれたばかりの赤ん坊のようだ。赤ん坊には毒虫も刺すことはないし、猛獣も襲わないし、悪い鳥もつかみかかることはない。骨は弱く筋肉は柔らかいが拳はしっかりと握る。男女の交わりも知らないのに陰茎がちゃんと勃起するのは、その精気が充足しているからである。一日中泣いても声がかすれないのは、陰陽の調和した中和の気が充満しているからである。中和の道理を知る事を常といい、常の真理を知る事は「明らかなる知恵」と呼ばれる。しかも生命に有益であるのでめでたいという。心が精気を支配することを強大という。万物は過分に勢いがあればそれだけ衰えるのも早いものである。これを「道を遵守しない行為」と言うが、「道」を遵守しないと早々に滅びる。

一、宇宙的精華の本質は柔和であり、柔和の力量は真実なものを生長させることにある。赤ちゃんの核心は柔弱である。……柔弱は剛性と比べると、柔性の生命力の方がはるかに強大なのだ！

二、柔性を堅持することは大道の生命力をその中に含んでいるということなのである！　自己を天地間に長く存在させるには、低姿勢と柔弱を理解する必要がある。

三、生命が貴いのは柔性の堅持に在る。……「骨は弱く筋肉は柔らかいが拳はしっかりと握る」とは、一人一人がこの美しい世界へ来る前に、「徳」を以前から自分の心身の中に持っていたからである。自在円満的大道の宝物は私たちの内面に存在している。

四、和諧は物腰が柔らかいことではないし、原則の説明でもない。和諧は順次解きほぐしていく理にかなっている親和力である。和諧は分別せず、切迫せず、来させたり、行かせたり、来たり去ったり、どこかに停まったりする。……和諧の生命のなめらかさはこのように練り出されて来るものである。

五、道徳は全人類共同の最も大切なもので、有徳の人の道根は必ず大きく、道根が大きいと、命も必ず大きいのである。人の命はすべてよい命であるが、和の根が連繋を失ってしまうと、まさに命を崩壊寸前にしてしまうだろう！

六、道を行わないと道はなく、徳を修めないと徳はない。道多にして徳大なれば、天国の路は眼前に在って何をしてもすべて順調に進むのである。

七、常々神を求め仏を拝むのは何故でしょうか？　実際は家の父母、岳父母、祖父母の世話をよく行い、他の家族との関係も順調ならば、人を厚徳載物（人徳深く厚くして、義務を成し遂げる）の人にする健康風水も自然と働いてとてもよいだろう。信じないのなら、試してみてはいかがでしょうか！

八、人の性格の中に蔓延する自利、略奪、傲慢、邪淫、嫉妬、たくらみ、安逸の貪りなどは天災や人禍をもたらすが、最良の解毒薬はないだろうか？　あります！　この解毒薬は「豊かな徳」である。

九、多くの人はいつもこの世界が自分に辛い思いをさせていると思っているけれども、自分もこの世界に辛い思いをさせているとは考えてはいない。他の人に対して役に立つ人になれることは、上天があなたに賜う最高の福分である。

十、『道徳経』を読むことは私たちの心身をきちんと処理することである。きちんと処理すること、これは性格上の汚染を消滅させ、天性の品質を磨いて明らかにすることである。個人の本性を明らかにすると、問題は自ずから解決する。個人の本性は昇格し、生命は易々とうまくいくのである。

第56章　智慧の光を和らげて世の中に同化する

第五十六章　和光同塵

知者不言、言者不知。塞其兌、閉其門。挫其鋭、解其紛。和其光、同其塵、是謂玄同。故不可得而親、不可得而疏。不可得而利、不可得而害。不可得而貴、不可得而賤。故為天下貴。

　「道」を知る人は多くを語らない。べらべらと語りたがる者は道を知らないのである。欲望の孔を塞ぎ、心の扉を外から鍵をかけて閉め、自己の鋭敏な気を抑制して各種の揉め事を排除し、各種の光の筋を包容し、各種の塵埃と混同する。これを「玄」の状態と同じになるという。「玄」の状態と同じになった人は、近づくことも親しむことも出来ず、遠ざけて疎遠にすることも出来ない。利益を与える事もできなければ、損害を与える事もできない。敬って尊ぶ事もできなければ、卑しんで侮る事もできない。そうしてこの世で最も貴い存在となるのだ。

一、人生の最高の境地は「玄同」になることで、すなわち「知恵の鋭さを弱め、知恵によって起る煩わしさを解きほぐす。知恵の光を和らげ、世の中の人々に同化する」ことである。この境地においてはじめて、人は道と合一し、分別心を持たず、静かに落ち着いて、自在に、

長生し永遠の玄徳の人となれるのである。

二、一種の見えない生長能力があり、それを「自癒」と呼ぶ。それは何処に行くのか、和諧の楽しさを何処にもたらすのか、これを黙して生み出すのが道である。和諧は、人体の 70％の心因性疾病を癒すことができる。

三、老子の思想は宇宙の秘奥に基づいて、生命の規律を思考して、直指人心し、然る後に問題の核心をあなたに明らかに示している。だから多くの中間の段階を省いて、あなたは直接自然大道の要素を修めていけるのである。

四、道の最も珍しく貴重な性質は包容性であり、その中に濁りも包容しているが、その濁りを浄化することもできるのである。対抗的な意識は道を損ない、分別心を生み出して、神性を消失させてしまう。

五、およそ尖鋭な物は必ず切断されてしまう。だからとげとげしい話し方はできないのである。あらゆる物事の運動はみな円形運動であり、言い争いで人を傷つける者は、最後に害するのは自分である。

六、自発的に望んで時間と知識を捧げて奉仕する人は、「知恵の光を和らげる人」であり、謙虚でお高くとまらないのは、「自分を世の中の人々に同化する人」である。このようにあなたは宇宙精神を感受することができ、求めずして自ら和諧平安的な偉大な能力を受け入れるのである。

七、大徳の士は現世に在って、万物衆生等と普通の人間関係を持って同化するけれども、また、必ず独立独行するのである。大徳の士には

終始向かって歩く自己の修行目標が内在するが、衆生がするのと同じように大言壮語、或いはうそ、争い、悪事、倫理を乱すことなどは不可能である。

八、自身、家、企業、国の系統の中の一人一人にはみな差異や矛盾が存在するが、玄同は自己の調整を通して他の人に影響し、更に全体の系統に影響し、順序のないものから順序のある和諧へと向かう。これが不言の教え、玄徳、玄同である。

九、あなたはもう平凡でも偉大でもなく、あなたは鋭さをくじき乱雑さを解いて和光同塵すれば、自性に本から通じ、この後の生活は以前の生活とはもう同じではなくなる。「知恵の光を和らげ、自己を世の中の人々に同化する」ことは、人生を平安に自在にする必要条件である。

十、成功する最高の境地は一休みすること。……一休みは停止して何もしないのではなく、別のことに黙々と精進努力して更に多くの高い境地の者を培養し、後から来た者を上にするのである。このようにして自己の生命の土地はますます広大になり、ますます生長力を有することになるのだ！

ディーウーシーチージャン　イーヂョンヂーグオ
第五十七章　以正治国

イーヂョンヂーグオ　イーチーヨンビン　イーウーシーチゥティエンシア
以正治国、以奇用兵。以無事取天下。
ウーホーイーヂーチールアンザイ　イーツー　ティエンシアドゥオジーホイ
吾何以知其然哉。以此。天下多己諱、
アルミンミービン　ミンドゥオリーチー　グオジアズーフン　レンドゥオ
而民弥貧。民多利器、国家滋昏、人多
ジーチアオ　チーウーズーチー　ファーリンズーヂャン　ダオゼイドゥオ
伎巧。奇物滋起。法令滋彰、盗賊多
ヨウ　グーションレンイエン　ウオウーウェイアルミンズーフア　ウオ
有。故聖人言、我無為而民自化、我
ハオジンアルミンズーヂョン　ウオウーシーアルミンズーフー　ウオウー
好静而民自正、我無事而民自富、我無
ユィアルミンズーブー
欲而民自撲。

　正直を旨とし、清く静かな無為の理念で国を治めるのが理想である。戦では勝利するため奇策を用いることもあるが、天下を統率するためには、「作為的なことはしない」、が原則である。私がどうしてそのような道理を知っているかというと、世の中にタブーが多くなると、人民の困窮の度合いは深まり、それにつれて、人民は鋭利な武器を手にするようになり、国家の混迷の度合いも深くなる。機会を見つけて私利を得ようと、うまく立ち回る人が多くなり、怪しげな物事が多く発生するようになる。法律や命令が厳正になることは、盗賊が多くなることを物語っている。だから、聖人は次のように言う、「私が自然の法則に従って事を為せば、人々は自然に帰化し、私が私欲を捨て淡白にしていれば、人々は自然に品行が正しくなる。私が何もしなければ、人々は自然に豊かになる、私に欲望がなければ、人々は自然に質朴に

なる」と。

一、無為にして治めるとは老子が言う治国の核心である。無為は決して何もしないことではなく、でたらめをせず、強制せず、質朴自然にして、無為を通して最も積極的な有為に到達することである。

二、本当の政治は「正直を旨として国を治める」ことで、策謀、策略、詐欺や虚偽を用いてはいけない。もし聡明で聡明に対し、策略で策略に対し、手段で手段に対するならば、最後に勝つ者はいないのだ！大公無私、心を天下に結び、落ち着いてしっかり正しい道を歩めば、初めて本当の成功を獲得できる。

三、老子は社会不安の問題を提示すると同時に四つの解決案も提示した。「私が何もしないと、人民はおのずとよく治まる。私が清静を好むと、人民はおのずと正しい。私が事を起こさないと、人民はおのずと豊かになる。私が無欲であれば、人民はおのずと素朴である」と。この千古の「四つ私」は、社会を和諧し、家庭を和諧し、心身を和諧することを自分から始めて、不言の教えを行うものであり、……人心の素朴の覚知であり、社会がめでたく和する始まりである。

四、企業にとって社長はハンドルになって無為となるべきで、経理係が有為となるのは当然である。両者が結合すると、「君主は無為にして、臣は有為であり、私が何もしないと、人民はおのずとよく治まる」ことになる。

五、人生には小賢（こざか）しい計算は不要で、自然に順じて尽力し、正直に真心で進めば上天の御加護を得られるのである。

六、思想から現実が顕れてくるが、花が咲くには一週間、一カ月、一年、十年、更にもっと長い時間が必要かも知れない。これはあなたがかつて播いた多くの種子を、宇宙はこの様にあなたの生命に作動させるのである。

七、苦労を経験すればするほど人は低姿勢を弁(わきま)えるが、世事に不慣れな人ほど傍若無人に振る舞うものである。

八、心配や不平不満は吸血鬼みたいだが、真剣で愉快な心で憂えず貪らないでいると、初めて無限の能力に接することができるだろう。つまり、好き勝手に取ったり求めたりはできないということである。

九、生活は目に入らない沢山の小さな事で形成されている。あなたが毎回本気で取るに足らない事に応対し、毎回重要でない人に善く応対しさえすれば、次第次第に積み重なる収穫は、あなたが思っても見ないものになるだろう。

十、生命にはプログラムがあり、プログラムは先祖の遺伝子、先天の数、妊娠と出産、及び後天の数の総和からなる。人はみなプログラムに支配されているが、しかしプログラムの数は後天の積徳を通して変えられるのである。

第58章　政治を行う原則

第五十八章　為政原則
ディーウーシーパージャン　ウェイヂョンユエンゾー

其政悶悶、其民淳淳。其政察察、
チーヂョンメンメン　チーミンチュンチュン　チーヂョンチャーチャー

其民缺缺。禍兮、福之所依。福兮、禍
チーミンチュエチュエ　フオシー　フーヂースオイー　フーシー　フオ

之所伏。孰知其極。其無正也。正復
ヂースオフー　シューヂーチージー　チーウーヂョンイエ　ヂョンフー

為奇、善復為妖。人之迷、其日固久。
ウェイチー　シャンフーウェイヤオ　レンヂーミー　チーリーグージウ

是以聖人方而不割、廉而不劌、直而
シーイーションレンファーアルブーゴー　リエンアルブーグオイ　ヂーアル

不肆、光而不耀。
ブースー　グアンアルブーヤオ

　政治がおおらかであれば、人々は誠実で純朴になる。政治が厳しい
と、人々は驚きうろたえ怨みを抱く。災いには福が寄り添い、福には
災いが隠れている。この循環往復がどこへ行き着くかは誰も知らない。
決められた基準が無いということはあるまい。正当なことが転化して
でたらめになり、善が転化して邪悪なものになる。昔から、人々はこ
の種のことに迷い続け、理解できないでいる。だから聖人は自然を尊
重し、事実を尊重し、苦心して飾り立てることはしない。政治を行う
には、清廉で危ういことがなく、正直無私で、でたらめな振る舞いを
しなければ、まばゆいばかりの光が世を照らし、しかも人の目を眩ま
すことはない。

一、人のため物事のためにくれぐれも覚えておくことは、「角があっ
ても人を傷つけず、切れ味鋭くても人を刺さず、まっすぐであっても

それを押し通さず、光っていても人の目を眩まさない」などのことで、これは正道の覚醒であり、生命の開始でもある。

二、あふれる才能とその自慢が害する所は、他の人があなたの十分な便利さにかじりつくことである。

三、禍福の転換が弁証法的に私たちに告げるのは、今日、目の前に起こる禍福はみな過去に播かれた因縁により決定されたものだということである。災難の背後には往々にして上天が私たちに送って来る福があるのである。禍福の転換は福田に沢山の種を播いたり、善縁を広範に結ぶことにあるのです。

四、禍と福、正と邪、善と悪は、刻々と転換して変異中である。あなたの胸中の善を守って、全体的な繋がりを維持すること、これが道である。

五、熱心に名称を改変して福を促し禍を避けようとしてはいけない。地球の何処にいても、死神は私たちを探し出せるのだ！　習性を修正し、生まれつきを変え、天性が円満になって、初めて好運になれるのである。

六、まさに自分が成功してその上に原則を確立した後ならば、自分自身が見本になれる。見本になり無我になれば、私は更に高レベルの生命の中を歩いていけるのである。

七、花があると思って他の人の機嫌を取る必要はなく、内なる徳を修練することが最重要である。……自分は青桐なのだから、鳳凰は自ずから親しく近寄って来る。自分は大海なのだから、沢山の川は自ずか

ら集まって来るのである。

八、生命は捨てたり得られたりで、捨てれば得られるし、捨てなければ得られないのである。必要とするものが少なければ少ないほど、内在する力量は大きいのである。

九、人は一本の空瓶のようなものであり、あなたが瓶の中に信仰、善良、天地を詰めれば、世間的な是々非々や闘争、それらの一切合切はあなたの慧眼を遮るはずはなく、生命は陽光で充満する。

十、いまから始めて私は丁重に自分に約束する。第一は、私はどんな困難に遭遇しても、怨恨と責苦をすべて感謝と祝福に変えるのである！第二は、およそ社会の和諧、家庭の和諧、心身の和諧的なことに有益ならば、私は実践することを全くためらわない。第三は、愛の道は利他的、単純、喜悦的であり、私は愛と一緒にいる。

第59章　国を治めるには、徳を積み重ねる

第五十九章　治国重徳
ディーウーシージウジャン　ヂーグオヂョンドー

治人事 天 、莫若嗇。夫唯嗇、是謂早
ヂーレンシーティエン　　モールオソー　　フーウェイソー　　シーウェイザオ

服。早服是謂 重積徳。重積徳、則無
フー　　ザオフーシーウェイヂョンジードー　　ヂョンジードー　　ゾーウー

不克、無不克、則莫知其極。莫知其極、
ブーコー　　ウーブーコー　　ゾーモーヂーチージー　　モーヂーチージー

可以有国。有国之母、可以長久。是謂
コーイーヨウグオ　　ヨウグオヂームー　　コーイーチャンジウ　　シーウェイ

深根固抵、長 生久視之道。
シェンゲングーディー　　チャンションジウシーヂーダオ

人民を治め、自然に対処するには、智慧を働かせることを慎み、質
素な真に帰ることほど大切なものは無い。智慧を働かせることを慎み、
質素な真に帰ることを、早くから本性に復帰すると呼ぶ。早くから本
性に復帰すると、その後に積み重ねられる功徳を厚くする。功徳を厚
く積み重ねると、いつでも勝てないということは無くなる。いつでも
勝つ事が出来れば、その力量の限界を推定する方法がない。その力量
の限界を推定する方法が無ければ、国家は国民を幸せにすることがで
きる。立国の本が有れば、いつまでも永らえることができる。これを、
深く、しっかりと根を張ると言い、根が深くしっかりと張れば、生命
が久しく永らえるという道理である。

一、徳は生命の通行証であり、道は長く養なうべきものである！　格
別なことに道があり、何もないから道がないというわけではない。

二、積徳と行善は、見事な枝葉や花と実を人に見せるようなものではなく、修練とは長い間泥の中にいる樹根のようにあるべきである。……修錬は見えない部分を重視するのだ！

三、質素は生命にとって重要な資質である！　地球の資源を大切にし、資源全体も大切にする。倹約は人の生命を豊かで力量のあるものにしてくれるのだ！

四、国家、企業団体、家庭、ないし個人の生命に関わりなく長久を維持するには、みな「嗇」の簡潔な原則の条文から離れられない。「嗇」の原則の条文第一条は、「生命が久しく永らえる道」である。

五、道を得れば生、道を失えば亡。道が在れば、全てうまくいく。

六、年長者を尊重し、喜捨の心があるならば、あなたの心霊は容易に天地の能力を身辺に引き寄せられる。これが根を深くしっかり張ることで、枝や葉が繁茂する原理である。

七、子供を溺愛しないとは子供に関わらないわけではなく、あなたは自分の楽しく有力な磁場を用いて、子供の為に愛があって暖かく能動的な家を造ればよいのである。誰が子供を溺愛し、誰が一日中子供のために傷口を縛っていられるだろうか。

八、人は大自然の一部分であり、人と世界全体は一緒に繋がっている。人は宇宙が降ろす注文書に対して重徳を積むことで宇宙との関係を確立する。

九、人が一人一人の唯一無二の生命の花を大切にし、一人一人の思想

と意識の自由と平等を尊重して、厚く徳を積む努力をする時、あらゆる関係はみな最も円満な道理に至るだろう。

十、重ねて徳を積んでいると、外からよくないエネルギーが突進して来た時でも、私たちは無我の心でそれを治めることができる。あなたはこれで家業や財産を長く蓄積できるのである。

第60章　道を以って国を治める

<ruby>第<rt>ディー</rt></ruby><ruby>六<rt>リウ</rt></ruby><ruby>十<rt>シー</rt></ruby><ruby>章<rt>ジャン</rt></ruby>　<ruby>以<rt>イー</rt></ruby><ruby>道<rt>ダオ</rt></ruby><ruby>治<rt>ヂー</rt></ruby><ruby>国<rt>グオ</rt></ruby>

<ruby>治<rt>ヂー</rt></ruby><ruby>大<rt>ダー</rt></ruby><ruby>国<rt>グオ</rt></ruby>、<ruby>若<rt>ルオ</rt></ruby><ruby>烹<rt>ボン</rt></ruby><ruby>小<rt>シアオ</rt></ruby><ruby>鮮<rt>シエン</rt></ruby>。<ruby>以<rt>イー</rt></ruby><ruby>道<rt>ダオ</rt></ruby><ruby>莅<rt>オリー</rt></ruby><ruby>天<rt>ティエン</rt></ruby><ruby>下<rt>シア</rt></ruby>、<ruby>其<rt>チー</rt></ruby><ruby>鬼<rt>グイ</rt></ruby><ruby>不<rt>ブー</rt></ruby><ruby>神<rt>シェン</rt></ruby>。<ruby>非<rt>フェイ</rt></ruby><ruby>其<rt>チー</rt></ruby><ruby>鬼<rt>グイ</rt></ruby><ruby>不<rt>ブー</rt></ruby><ruby>神<rt>シェン</rt></ruby>、<ruby>其<rt>チー</rt></ruby><ruby>神<rt>シェン</rt></ruby><ruby>不<rt>ブー</rt></ruby><ruby>傷<rt>シャン</rt></ruby><ruby>人<rt>レン</rt></ruby>。<ruby>非<rt>フェイ</rt></ruby><ruby>其<rt>チー</rt></ruby><ruby>神<rt>シェン</rt></ruby><ruby>不<rt>ブー</rt></ruby><ruby>傷<rt>シャン</rt></ruby><ruby>人<rt>レン</rt></ruby>。<ruby>聖<rt>ション</rt></ruby><ruby>人<rt>レン</rt></ruby><ruby>亦<rt>イー</rt></ruby><ruby>不<rt>ブー</rt></ruby><ruby>傷<rt>シャン</rt></ruby><ruby>人<rt>レン</rt></ruby>。<ruby>夫<rt>フー</rt></ruby><ruby>両<rt>リアン</rt></ruby><ruby>不<rt>ブー</rt></ruby><ruby>相<rt>シアン</rt></ruby><ruby>傷<rt>シャン</rt></ruby>、<ruby>故<rt>グー</rt></ruby><ruby>徳<rt>ドー</rt></ruby><ruby>交<rt>ジアオ</rt></ruby><ruby>帰<rt>グイ</rt></ruby><ruby>焉<rt>イエン</rt></ruby>。

　大きな国を治める時には、小魚を調理する時の様に無闇にかき回してはいけない。この様に「道」をもって天下を感化しようとするならば、鬼神も崇められることはない。鬼神が姿を現し通力を発揮しても崇められなければ、鬼神がもぐりこめる隙間はなく、人を傷つけることもない。鬼神が鳴りを潜め、人を傷つけることがないのは、聖人が「道」をもって天下に臨むからである。こうして鬼神も人を傷つけることがなければ、天下は安全となり、万民が恩恵を受け、あらゆる利益は全て人々のものとなる。

一、「大国を治めるのは、小魚を煮るようにする」とは、大国が何度もかき回す事に耐えられないという話ではなく、大国の国土が果てしなく広く、人口も多く、僻地の人々が容易に疎かにされてしまう事を特別に強調しているのである。老子は国家レベルの政策立案者に、首都の人々を優待するだけにとどまらず、遠近地区の人々にも火加減をして味付けに配慮するべきだと気付かせようとしたのである。

二、「道を以って天下に君臨すれば、鬼神も崇（あが）められることはない」は、国家の政策制定は個人の生存と発展空間を保証し、人々にその場所を得させ、その本分を守らせれば、天下は自然に太平となることを説いている。そうでなければ、生存が困難な人は心中にある魔性を容易にかき立ててしまい、この魔性は往々にして人を駆使して他の人を傷つけることを顧みない。

三、「道の証（どう あかし）」として実践する永久に変わらない主題は、道徳、和諧、安平泰（あんぺいたい）（安らかで平安で豊か）である。「道」とは何か、道は自然、道は規律である。「証」とは何か、証は自性であり、天性である。「道の証」は真実そのもので、「道の証」は結果の顕現である。

四、もしあなたが自分が強大になっていると感じたら、謹んで書いてください。慈愛行善、清心寡欲、他の人に勝つよりも自分に勝つことの方が重要であると。また、時間と環境は時々刻々変化していることも、謹んで書くべきである。

五、子供と大人は軌道の違う二つの系統であり、子供のことは子供に還り、子供の才覚も子供に還り、子供の能力ははっきり顕現するのである。このようにして子供が自分は優れていると感じても、子供のお父さんとお母さんが優れているわけではない。

六、一人一人にはみな自己の生命路線図がある。自然大道の原理とは、生命には元々生起（せいき）する出来事が決まっていて、正確な方法でこれと向き合い、受け入れ、祝福し、突破し、昇華する必要がある。

七、大森林の不思議な働きは枯れた枝や葉を大地の養分に変えることである。人の身体も一面の大森林と同じで、既に活力が充満していて

も、必然的にその中に枯れた枝や葉を隠していて、体はその森林の中から枯れた枝や葉を探して拾いあげる。もし人の正気（しょうき）が十分である時は、身体はゴミを自動的にさっぱり片付けるだろう。

八、70％の心因性疾病は人の最良の友人の一人であり、病気の功能は「奉仕を呼び覚ますこと」にある。これはあなたにあなたの生活の仕方、或いは思惟モデルから出た問題なのだと知らせているのだ！　もしあなたが自己を改変したいと願うのなら、病は客人として去ってしまい、あなたの身体の中に継続して留まることはないだろう。

九、人の世は多くの辛いものを受け入れなくてはならないことを余儀なくされているが、重要人物になればなるほど、遭遇して受ける辛さも多くなる。……曲りくねった泥んこ道もまさにポテンシャルを転化して、智慧を昇格させる好い機会である。

十、いつも自分の命運がどんなものか、また、結果はどんなものかと考慮しなくてもよい。考慮すべきは道理であり、……道理とは、道に順えば理となり、生長できるのだ！

第61章　外交は謙虚に

第六十一章　外交宜下

<ruby>大国者下流<rt>ダーグオヂョーシアリウ</rt></ruby>、<ruby>天下之交<rt>ティエンシアヂージアオ</rt></ruby>、<ruby>天下之牝<rt>ティエンシアヂービン</rt></ruby>。<ruby>牝常以静勝牡<rt>ビンチャンイージンションムー</rt></ruby>。<ruby>以静為下<rt>イージンウェイシア</rt></ruby>。<ruby>故大邦以<rt>グーダーバンイー</rt></ruby><ruby>下小邦<rt>シアシアオバン</rt></ruby>、<ruby>則取小邦<rt>ゾーチゥシアオバン</rt></ruby>。<ruby>小邦以下大邦<rt>シアオバンイーシアダーバン</rt></ruby>、<ruby>則取大邦<rt>ゾーチゥダーバン</rt></ruby>。<ruby>故或下以取<rt>グーフオシアイーチゥ</rt></ruby>、<ruby>或下而取<rt>フオシアアルチゥ</rt></ruby>。<ruby>大邦<rt>ダーバン</rt></ruby><ruby>不過欲兼蓄人<rt>ブーグオユィジエンシゥレン</rt></ruby>、<ruby>小邦不過欲入事人<rt>シアオバンブーグオユィルーシーレン</rt></ruby>。<ruby>夫<rt>フー</rt></ruby><ruby>両者各得其所欲<rt>リアンヂョーゴードーチースオユィ</rt></ruby>、<ruby>大者以為下<rt>ダーヂョーイーウェイシア</rt></ruby>。

　天下の大国は下流に居る方がいい。下流は、流れが交わり、一つに集まる所であり、天下の多くの小国が集まる、愛すべき女性的な所である。女性は常に穏やかであることにより男性に勝つ。穏やかなことは、へりくだっていることを表す。だから大国は、へりくだって小国に対応すれば、小国の帰順が得られる。小国はへりくだって大国に対応すれば、大国の信頼が得られる。へりくだるから帰順が得られ、へりくだるから信頼が得られる。大国は小国を指導しようとするに過ぎず、小国は大国に仕えようとする過ぎない。両方がそれぞれの願望を叶えようとするならば、大国はもっとへりくだることを重視しなければならない。

一、大国たる者は永遠の生存と発展を想い、更に天下泰平を維持する責務を背負うならば、必ず二つの素質を備えていなければならない。

第一は、大海のようにゆったりとして謙虚な寛容心があること。第二は、母親のように平和で善良な慈愛心があること。もし強を恃み弱を侮るならば、戦争を引き起こし、庶民に災難をもたらし更に恨みの種子を落とし、最後にはその報いを自ら受けることになるだろう。

二、人は大地に属しているけれども、大地は人に属してはいない。世界中のあらゆる動物は、私たち人もその中に含まれているが、みな情報を共有している。生命のネットワークは決して人が編んだものではなく、人はこのネットワークの中ではただ一本の糸、一つの結び目に過ぎない。けれども人が考える所、行う所はこのネットワークに影響し、また、人自身にも影響を与えている。そのため、人のゆったりとして柔軟で静かな存在は非常に重要なのである！

三、大勢の人の上にいる者は下の人に与えるべきで、これは極めて簡単な大海の原理である。

四、あなたが最良の指導者ならば、上に立って指揮するばかりではなく、他の人の身になって下の方にも気付き、そのうえで本源に返れば一切を見渡せるのである！

五、謙虚さは貴族的な気質であるが、本当の謙虚さを重視して不必要な傲慢を落とし去ると、謙虚さは人を徳のある寛容な人にすることができる。

六、人と人の違いはその人の度量にある。大なる者は心大にして、無限、すなわち無境界である。

七、生命の旅の途中で、あなたは何を憎み恨んだのか、何を顕在させ

たのか、あらゆる問題にはみな探求する意義がある。

八、子供にとって過度の溺愛、或いは支配は、あなたの内心にある不安を子供に投影してしまう。自己をきちんと整理することは、子供に対しての慈悲である。

九、本当の修行はあなたを啓発し、あなたを自己に向かわせる。本当の治療はあなたに付き添い、あなたを自分自身にさせる。生命修行の途上では、私たちは同伴者である。

十、どんな恨みごとも持ってはならない。社会は私たちに機会を与えないことはなく、私たちが社会に機会を与えないことになるのである。社会はいつも私たちを待っていて、私たちが自分の足で立ち上がることを希望しているので、すぐに胸中の「和諧」の明かりに点灯し、自分と同時に他の人も明るく照らすことである。

第62章　道には善悪なし

ディーリウシーアルジャン　　ダオウーシャンオー
第六十二章　道無善悪

ダオヂョー　　ワンウーヂーアオ　　シャンレンヂーバオ　　ブーシャンレン
道者、万物之奥、善人之宝、不善人

ヂースオバオ　メイイエンコーイーシーズン　メイシンコーイージアレン
之所保。美言可以市尊、美行可以加人。

レンヂーブーシャン　ホーチーヂーヨウ　グーリーティエンズー　ヂー
人之不善、何棄之有。故立天子、置

サンゴン　スイヨウゴンビー　イーシェンスウマー　ブールーズオジン
三公、雖有拱璧、以先駟馬、不如坐進

ツーダオ　グーヂースオイーグイツーダオヂョーホー　ブーユエチウイー
此道。故之所以貴此道者何。不曰求以

ドー　ヨウツイイーミエンシエ　グーウェイティエンシアグイ
得、有罪以免邪。故為天下貴。

　道は、天下万物を守り、善良な人が憂い無く生活する為の宝である。不善な人には、悪を善に改め、命の拠りどころを保全する。美しい言葉は尊敬をもらい、良い行為は人に重く見られる。不善の人がいても、どうしてその人たちを見捨てなければならないのか。だから人々が天子を擁立し、三つの政権担当者（太師、太傅、太保）が置かれ、貢物として献上される駿馬と礼装用の帯を先頭に、大きな精巧で美しい玉石が献上されるが、大道を進言するほうが平穏ではないか。何故古の人は道を重視したのか。それは道を唱えれば、必ず求めるものが得られるからではないか。罪があっても、懺悔することで罪を免れることができるからではないか。だから、道は天下の貴重なものとなるのである。

一、大道は天地を生み育て、日月星辰の運行秩序を背負い、天下万物を孕育し、人類を創造し化育した。地球、万物、動物、人類はみな同じ道から生れているので、あちらとこちらに分けられる人はいない。植物か動物か万物かを問わず、善人か不善人かを問わず、私たちはみな同一体である。

二、自然大道は人類の終着点で、天下万物の拠り所であり、その秘奥とは包容によって徳にすることである！

三、善人のわけは善を行う人に成ることで、これは上天の善人に対する最大の奨励である。不善の人は道の視点から見ると潜在的な善人である。たとえ、本来善人或いは善人ではなくても、「ただ道にこそ従う」（第二十一章）の視点から見ると、みな道に守られているのである。

四、善人でない人にとって、美言は最も重要な事項であるのだ！　確かに道それ自体は『道徳経』第八十一章中の「真実を述べる言葉は美しくなく、美しい言葉は真実を述べていない」のとおりであるが、しかし世間の人を助けるには都合がよく、依然として美言を使用するべきである。素晴らしい言葉によって人を暖かくし、また、人に受け容れられるのである。

五、私たちは口が渇いたならば、水を探さなければならず、水は私たちを探しには来てくれない。道もこのとおりで、天下の道にはみな私たち自身の方から親密になるのである。

六、道、その大きさは果てしなく、その小ささは限りがない。大きな所に着眼してから、小さな所に着手して初めて大成功を得られるので

ある。

七、父母は根であり、子女は父母の後ろ盾か根の糧になれる。何故ならば親孝行には強大な力があり、子供が宇宙に向けてこの種の正のエネルギーを発する時、宇宙はそれに反作用して、子供に更なる強大な成長動力を与えるだろう。

八、光背は華麗で美しく外に放出するが、短い時間のものである。もし光背に朴実情熱的な生長力が内在すると、まさに長久になるのだ！

九、人体の一つ一つの細胞はすべて創造者であり、それらはまさにあなたの思惟モデルに基づいて正確なデザインを創り出す。外在世界で発生する問題は、すべて内在世界でそれに対する答案を探し出せるのである。

十、一つの事柄が起きるのにはみな縁も理由も無いものはなく、一人一人の出現にもみな理由がある。もしあなたに嫌いな人や嫌いな物事があるのならば、他の人たちの存在の意義は、私たちに反省させ、更に寛容と尊重を十分に学ばせるためなのである！

第63章　小さなことから

第六十三章　　小事做起

為無為、事無事、味無味、大小多少、抱怨以徳。図難於其易、為大以其細。天下難事必作於易。天下大事必作於細。是以聖人終不為大、故能成其大。夫軽諾、必寡信、多易必多難。是以聖人猶難之、故終無難矣。

　行動とは、わざとらしくすることではない。事をするとは、ことさら目的を持って何かをすることではない。飲食、会話はあっさりとし、大小、多少の区別をせず、私は徳行をもって恨みに報いたいと思う。困難を克服したいと考えるならば、容易なうちに手を着けるべきである。大きな事を実現するためには、小さなことから始めるべきである。天下の困難な事柄には、必ず簡単な物をはらんでいるし、天下の大事件は必ず小さいことから起こる。聖人はみだりに尊大ぶらないから、偉大な人になることができる。軽々しく引き受ければ必ず信用を失う。極めて簡単に見えるものは、必ず多くの困難に遭遇する。だから聖人は、困難であることを大変重視するので、いつも困難を免れるのである。

一、道の基礎は無為である。無為、これは慎重に、かつ緻密に為すことである。無為、これは一種の主観を捨てて客観的な規律に従って為すことである。無為とは、自分の意志で大それたことを企ててはならず、物事の改変は客観的属性によって為されることを指している。無為とは、小さな容易なことから着手するけれども決して油断して為してはいけないのである。無為とは、「聖人はいつも大きな物事は行わない。だから大きな物事を成し遂げる」のことである。

二、「なにも事がないということを事とする」とは、ひとつの事が終わった後に、再び関連して引き起こされて出て来る問題の事柄は避けるべきであることを指している。現代科学が一方的に満足しているように人の物質に対する享楽的な熱望は、その一方で地球の生態を未曽有の破壊の手前の所にまで遭遇させているのだ！　だから、人は自然全体の中で考慮すべき問題を自分の中に納めることが必須で、そうしてこそ長く治めて平安になることが可能になるのである。

三、あらゆる人生の成功者にはみな同じ特徴があり、小さな事柄をうまく行って、生活の中にある細かな点をしっかり把握しているのである。容易な事柄を通過させることで、難しいことも簡単になるのである。

四、人生の成功は事々に本気で向き合うことにあり、人生の失敗は小事や他の人を軽視することにある。

五、守信は人生の重要な財産であるのだ！　もし言葉はあっても信念がなく、或いは人に対して真心がこもっていないのならば、人は感動しないし、更に私たちの胸中の神も感動しない。

六、道は無象無形なので、象から離れ形から離れることである。人が無我に入ると、条件が制限される状況の中から解き放たれるので、平安自在となる。

七、不平不満を漏らさないためには感謝の気持ちが必要で、これは人生の最高の法則であり、自分を生長させ、他の人も生長させるのである。

八、本当の勝利者は、成功或いは失敗を問わず、みな一つ一つの機会を利用して清浄で美しい偉大な心霊となるべく鍛練をしている。

九、私たちは人から言われることに気を留めてはならず、優れた人になればなるほど言われるもので、世間には批判されない人はいないのである。他人の口を私たちが抑制する方法はないが、私たちが容認する心を持てば一切の混乱を判断できる。容認は人の心を静かにし、心が静かになれば生命の本源に至り、事態の変遷を静観できるのである。

十、発生するあらゆる奇跡は決して自然の法則に違反しているのではなく、更に高度の法則に従っているのである。

第64章　始めから終わりまでまっとうする

第六十四章　善始善終
（ディーリウシースージャン　シャンシーシャンヂョン）

其安易持、其未兆易謀。其脆易泮、其微易散。為之於為有、治之於未乱。合抱之木、生於毫末。九層之台、起於累土。千里之行、始於足下。為者敗之、執者失之。是以聖人無為、故無敗、無執、故無失。民之従事、常於幾成而敗之。慎終如始、則無敗事。是以聖人欲不欲、不貴難得之貨。学不学、復衆人之所過、以輔万物之自然而不敢為。

安定した状態は維持しやすい。まだ徴候の現れていない問題は画策しやすい。脆弱なものは、壊しやすい。微細な事柄は消しやすい。措置は物事が発生する前にやらなければならない。事柄の処理は混乱が起こる前にしなければならない。ひと抱えもあるような樹木も小さな萌芽から成長する。何層もの高台も一籠一籠土を積み重ねて出来たものである。千里の道も一歩を踏み出すところから始まる。ことさら何かをしようとする人は必ず失敗する。智慧を弄して持とうとするものは必ず失う。聖人はことさら何かをしようとはしないから失敗しない。

自分の意見に固執しないから失うことも無い。人々は何かをする時、もう少しで成功しそうな時に失敗する。物事が終わろうとするときは始めたときと同じように慎重にしなければ、必ず失敗する事態が発生する。聖人は自己の私欲をなくし、得がたい貴重な財物でも見ようともしない。他人が学習しないものを学習する。それによって、人が既に失った純朴な天性に復帰し、万物の自然な営みを助け、むちゃなことはしない。

一、人生に小事はなく、天下の大事はみな小事から始まって起るものである。まだ問題が生じない時に治める方法を理解しておくべきで、状況が拡大してから片付けるようであってはならない。万里の長城はアリの穴から潰れるし、万丈の高楼も火花から炎上する。……これはみな教訓である。

二、ひとかかえもある大木、九層の高台、千里の道を行く遠大な事業もみな毛先ほどの芽から生まれ、ひとつまみの盛土から造られ、足元の一歩から始まるのである。どんな事をするのかに関わらず強固で粘り強い意志を持つことが必須であり、これにより小事を起こしてから大事業を成就することが可能となる。

三、幸福を長続きさせる極秘の方法がある。それはあなたが自分の欲望を実現する奮闘努力中にあっても、元のままの「不欲」な心の状態を保持することで、これは「衆人の既に失った本性に復帰すること」や「万物の自然な営みを輔ける<ruby>輔<rt>たす</rt></ruby>けること」などの特徴である。

四、天下はあなた一人で攻め落とせるものですか？　違うのです！天下は多くの人が心から望んであなたに与えるものです。あなたの身

上である真誠、忠誠、博愛、謙虚、無私が放つ強大な磁場が引き寄せるものです。

五、もうすぐ成功する時が、最も危険な時でもある。始まりと同じように慎重に終わろうとすることが、善始善終の理由である。善始善終は、また、始まりと同じように慎重に終わる結果でもある。

六、多くの人はもうすぐ成功する時になると簡単に情緒が混乱し始めて、マイナス面の心掛りが必然的に更なる損失、痛苦、不安を招くだろう。

七、人は容易に物質世界の愛玩物、富と財、名利に惑わされる。もしこの出鱈目な「精進」のために、人や物事を恭敬せず、天地をも畏敬しなくなれば、人生は往々にしてこのように駄目になる。

八、成功は計りごとに頼るのではなく、大道の源に戻ることであり、真底本心から他の人の成功を助ければ、自分も最高の成功者に成れるだろう。

九、上帝は私たちのために二本の足を造ったので、私たちは自分の二本の足で歩いて行くのである。上に向ってよじ登る時は他の人の邪魔になってはならないが、坂道を下る時は他の人たちにぶつかることがあるだろう。

十、常々足るを知って恩を感じている人は、きっと天命は長いだろう。常々疑うことが多く否定的な人は、分裂や意気地なしと呼ばれるが、これで命が持ち堪えられるだろうか？

第65章　大智は愚かのようだ

第 六十五 章　大智若愚
<small>ディーリウシーウージャン　ダーヂールオユイ</small>

古之善 為道者、 非以明民、 将以愚
<small>グーヂーシャンウェイダオヂョー　フェイイーミンミン　ジアンイーユイ</small>
之。民之難治、以其智多 。故以智治国、
<small>ヂー　ミンヂーシアンヂー　イーチーヂードゥオ　グーイーヂーヂーグオ</small>
国之賊。不以智治国、 国之福。知此 両
<small>グオヂーゼイ　ブーイーヂーヂーグオ　グオヂーフー　ヂーツーリアン</small>
者 、亦稽式。 常知稽式、是謂 玄 德。
<small>ヂョー　イージーシー　チャンヂージーシー　シーウェイシュエンドー</small>
　玄 德深矣、 遠矣。与物反矣、 然後
<small>シュエンドーシェンイー　ユエンイー　ユィウーファンイー　ルアンホウ</small>
乃至大 順 。
<small>ナイヂーダーシュン</small>

　昔の「道」を良く修めて世の中のことを行った人は、人々をずる賢
くしようとはせず、実直温厚で素朴になるように教えた。人々を治め
ることが難しいのは、彼らの頭が良いからである。智の技巧によって
国を治めれば、国に災害をもたらし、智の技巧によらずに国を治めれ
ば福の恵みがもたらされる。この二つの結果の違いを知れば、国家の
興亡の法則が理解できる。常にこの法則を運用することを、最も高尚
な徳行という。もっとも高尚な徳行とはなんと深遠なものか！　一般
の物事とは逆であり、これは最初の混沌とした状態に復帰することで
あり、道に通じることである。このようにして、自然と調和した大い
なる順応の境地に至ることができるのです。

一、「術を以って国を治める」と「道を以って国を治める」のうち、
どちらが社会に対して有害なのかそれとも有益なのかは重要な検討事

項である。道を以って国を治めるは、「智を以って国を治めない」的な玄徳による管理であり、これによって自己中心的な智を以って国を治めるに取って替えるのである。このようにして人のやり方が、まさに天のやり方と調和する大いなる順応の境地に転向するのである。

二、多くの人はみな自分が利口であると思う時、一人一人の自我意識はみな膨張して重大なものになってしまう。そんな社会はきっとまとまりがないだろう。多くの人が自己重視から誠実で正直な性質になれれば、社会は和諧し安定する方向に向かうのである。

三、守愚静黙は見たところ愚鈍のようであるが、その実、守愚静黙は生長できるし、永遠不変でもあるのだ！

四、世界のあらゆる成功者の人生は、みなあれこれ計算したりしないで達成したもので、誠実な心で成し遂げるのだ！

五、健康で楽しい効果のある思惟モデルを確立すれば、時には薬品と比べて更に自分で疾病を除去する事を助けられるのである。正確に行えば、人類は70％の心因性疾病の発病を予防できるのである。

六、あまりに多く考える人は、心が容易にやつれる。……心のやつれは心情に影響し、心霊を捻じ曲げ、心身の健康にも危害が及ぶ。だから身体のやつれは心配ないが、最も心配するべきなのは心のやつれである。

七、喜捨をしなければ、得るものはないのである。自己の利益を計らなければ、最後には自己を成就できる。愚の如くへりくだることが永遠不変の秘奥なのである。

八、どんな練磨を受けたかによって、まさにあなたがどのような人に成れるのかが決定される。

九、人には三つの等級がある。上級の人に対しては直言や単刀直入でよく、それは上級の人が全体を和諧する大局観を持っているからである。中級の人に対しては隠喩、或いは認識を変えて話すべきで、中級の人は容易に痛みが分かるので内部の問題を理解できるのである。下級の人に対してはすなわち微笑んで合掌するべきで、この人は度量が小さいため、世俗的礼節で応対することが必須である。

十、宇宙、万物、人体はみな開放的エネルギー体であり、人と万事万物はずっとエネルギーの交換をしているのである。交換を快速にするには、『道徳経』の中ではっきり述べている生命の規律、神性の規律、宇宙の規律の根本的法則をよく学び活用して、生命の周波数を愛と喜悦の状態に到達させることであり、これはまさしく宇宙とプラスのエネルギーで繋がれた状態である。

第66章　謙虚にへりくだり

<ruby>第 六十六 章<rt>ディーリウシーリウジャン</rt></ruby>　<ruby>虚 心 謙 下<rt>シュシンチエンシア</rt></ruby>

<ruby>江 海 所 以 能 為 百 谷 之 王 者<rt>ジアンハイスオイーノンウェイバイグーヂーワンヂョー</rt></ruby>、<ruby>以 其 善 下<rt>イーチーシャンシア</rt></ruby>
<ruby>之<rt>ヂー</rt></ruby>、<ruby>故 能 為 百 谷 王<rt>グーノンウェイバイグーワン</rt></ruby>。<ruby>是 以 聖 人 欲 上 民<rt>シーイーションレンユィシャンミン</rt></ruby>、
<ruby>必 以 言 下 之<rt>ビーイーイエンシアヂー</rt></ruby>。<ruby>欲 先 民<rt>ユィシェンミン</rt></ruby>、<ruby>必 以 身 後 之<rt>ビーイーシェンホウヂー</rt></ruby>。
<ruby>是 以 聖 人 処 上 民 不 重<rt>シーイーションレンチューシャンミンブーヂョン</rt></ruby>、<ruby>処 前 民 不 害<rt>チューチエンミンブーハイ</rt></ruby>。
<ruby>是 以 聖 人 楽 推 而 不 厭<rt>シーイーションレンロートゥイアルブーイエン</rt></ruby>。<ruby>以 其 不 争<rt>イーチーブーヂョン</rt></ruby>、<ruby>故<rt>グー</rt></ruby>
<ruby>天 下 莫 能 与 之 争<rt>ティエンシアモーノンユィヂーヂョン</rt></ruby>。

　大河や大海は多くの谷川が帰り、集まるところであり、それらは下流にあって、よくへりくだり、全ての河川、渓流の落ち着くところとなる。だから、「聖人」は、民の上に立とうと思うならば、言葉を謙虚にしなければならないし、民の先頭に立とうと思うならば、必ず自らの利益を後回しにしなければならない。これにより、聖人が高いところにいても、人民は圧迫を感じることはなく、先頭に居ても恐れを感じない。だから、人々は皆よろこんで彼らを推挙し、煩わしいと思わない。彼らは誰とも争わないので、世の中に彼らと争うことができるものは誰一人いない。

一、「言葉を謙虚にする」にはどんな人と話をする場合でも、みな謙虚な態度を保持するべきであり、謙虚さは他の人の上にいても高慢にならずに低姿勢になれる能力である。これは「深くしっかりと根をおろし、久しく永らえる道」（第五十九章）のことである！

二、「人民の上に立とうと思うなら、必ず謙虚な言葉でへりくだり、人民の先に立とうと思うなら、必ず我が身のことを後にする」、このような大海のごとき資質は人類文明の象徴である。これは和諧する社会、和諧する家庭、和諧する心身をつくる真理が向う所であり、また、幸福な人生の秘訣でもある。

三、文明社会の象徴は、「世界は喜んでそれを推進することを厭わない」という幸福が向って行く所であり、これは和諧する社会、和諧する家庭、和諧する心身をつくる価値の向う所でもある。

四、水と同様に、不浄、包容、吸収、浄化、大度量、博識などの自然の資質を備えていることは、聖人の徳である！

五、もしあなたが指導者であるならば、できる限り博愛、忠誠、謙虚、低姿勢であるべきだ！　もしあなたがまさに指導者になろうとするのならば、あなたは必ず博愛、忠誠、謙虚、低姿勢を学習しなければならない！

六、成功の法則は自己を低位に置き、競争原理には加わらないことであり、このようにしてあなたは更なる空間と時間を持って生長発展するのである。

七、あなたと比べて地位の低い人を嫌ってはいけないし、他の人たちを軽く見てもいけない。大海が最も低位であるように、謙虚とへりくだりは一人一人の偉大さを成就させるのだ！　謙虚な低位的精神には力量と活力が充満している。しかし自ら高大に言いふらすと、壊滅させる萌芽も含んでしまうことになる。

八、あなたの境地が向上してはじめて、この境地はあなたを昇格させる。あなたが環境を大切に守ってはじめて、環境があなたを大切に守ってくれる。

九、もし人生を二つに分けて、人生の前半は富と財を追求し、後半に意義の追求に応じるならば、これは人生の命運のバランスを取る方法になるだろう。

十、因果の法則は宇宙生命の法則である。もし因果の説を深く信じないならば、慈悲のない残虐な世界を創り出すのは必然である。もし因果を深く信じれば、私たち生命全体の責任と道徳はまさに永久に光輝くのである。

第67章　「三つの宝」の光り

第六十七章　三宝之光

天下皆謂、我道大、似不肖。夫唯
大、故似不肖。若肖、久矣其細也夫。
我有三宝、持而保之。一曰慈、二曰倹、
三曰不敢為天下先。慈故能勇、倹
故能広、不敢為天下先、故能成器
長。今捨慈且勇。舎倹広、舎後且
先、死矣。夫慈以戦則勝、以守則固。
天将救之、以慈衛之。

　世の中の人々は皆、われわれの道は広く、深いと言い、あたかも道
に似たものは無いかのようである。まさに道の万能な力は広大である
ので、有限的な形象の物で、道に比べられるものは無いかのようであ
る。もし道と比べられるものがあったとしても、それはいかなる大道
でもなく、取るに足らないものである。私には三つの宝があり、いつ
でも大切に身につけ、守っている。第一は慈しみの心、第二は節約、
第三は自分から天下第一と言わないことである。慈しみの心があるか
らこそ真に勇敢であり、節約するからこそ広く施すことができ、自分
から世の人々の先頭に立とうとしないからこそ、長久となることが出
来る。ところで今、慈しみの心を捨てて勇敢になろうとし、節約する
ことを止めて広く施そうとし、遠慮することをやめて先頭に立とうと

すれば、命を落とすことははっきりしている。慈愛を考えながら戦え
ば勝利することが出来、守りに用いれば堅固である。天はいつでも、
どこでも善良な人を救おうとする。全て慈しみの心が自らを助けるの
です。

一、人がもし「慈、倹、不争」の三宝を捨てたならば、疑いなく必ず
死ぬだろう。三宝の中では、慈愛を根本とする。これがあれば、戦え
ば勝ち、守れば堅固で、天は必ずあなたを守るだろう。

二、心に慈愛のある者は恐れる所がないので勇敢である。倹約は人を
生命の源に返らせることができるので衰弱させたりはしない。敢えて
天下の先に立たないとは、決してひ弱で無能なのではなく、争わずし
て勝利する潜在能力を持っていることである。

三、「慈愛、倹約、敢えて天下の先に立たない」の三宝をよく修める
ことは、最良、最高の風水を修めることである。思惑が不正ならば、
風水がどんなによくても、災禍を招来してしまうので、風水は人心に
在るのだ！

四、老子の説く「三宝」は絶対に世上の如何なる物でもなく、ただ
「道」にしかできないものである。宇宙が創生する系統の中に在って、
「道」は創造の根源である。「道」は宇宙天地の中に在って最も大きな
ものである。「道」は大きくて極所にまで至っているが、多くの人々
は道が種々の有形有象の物質の姿になっていることに気付かないだろ
う。

五、一般の戦争では、「慈」を掲げることは大変少ないし、慈を掲げ

て戦いに勝つことは更に少ないだろう。しかし老子が特別に強調する
のは、「慈愛を考えながら戦えば勝利することができ、守りに用いれ
ば堅固である。天は善良な人を救おうとするが、慈愛によって人を守
る」ことである。これは仁と慈の心によって戦争を指導することを説
いていて、犠牲を払ってまで求めようとはせず、また、武力によって
天下に強さを示したりはしないが、やむを得ない場合にはこれらを用
いるのである。

六、「慈」は人を愛するばかりでなく、同時に周囲一切を愛で満たす
のである。……自然を愛し、地球を愛し、三界（欲界、色界、無色界）
の衆生を愛するのである。

七、人が持っている一切の大きな智慧は絶対に書籍の中から学んだも
のではなく、「三宝」における真誠心、精進心、清静心の修行から出
て来たものである。

八、青春は決して十八歳の身体と精神力の中にある一時の光ではない。
青春は生生して息まない活力を示しているし、また夢と慈愛と創造力
があることも表わしている。青春は心地良い環境を捨てることをも願
望し、異郷で生計を立てる度胸、見識、気概を表わしている。

九、人は歳月が過ぎ去って老い衰えるのではないだろう。人はただ活
力と創造力が消え去って、老人が出現するのである。七十歳の人が十
七歳の人と比べてより青春の度胸と気概を持っている時がある。

十、慈悲と勤勉と質素を思って建設的になる時、私たちは積極的な生
命振動周波数を始動させる。これと反対に、怨みや和諧的でない情緒
はまさに混乱の振動周波数を始動させる。

第68章　人の力を用いる

第六十八章　用人之力
（ディーリウシーパージャン　ヨンレンヂーリー）

善 為 士 者 不 武、善 戦 者 不 怒、善
（シャンウェイシーヂョーブーウー　シャンヂャンヂョーブーヌー　シャン）

勝 敵 者 不 与、善 用 人 者 為 之 下。是
（ションディーヂョーブーユィ　シャンヨンレンヂョーウェイヂーシア　シー）

謂 不 争 之 徳、是 謂 用 人 之 力、是 謂 配
（ウェイブーヂョンヂードー　シーウェイヨンレンヂーリー　シーウェイペイ）

天 古 之 極。
（ティエングーヂージー）

統帥にあたる人は、武勇を見せびらかさない。戦闘する人は安易に怒らない。うまく敵に勝つものは敵と決して無理に争わず、うまく人を使うものは相手にへり下る。これを人と争わない品徳という。これを人の力を頼りにするといい、能力を量り、その能力を十分に発揮してもらう。これを古から大道に適う行動の準則という。

一、本当の司令官は必ず大徳を具えている。兵を率いるのは勇を尊ぶためではなく、仁を尊ぶためである。戦うのは強がるためではなく、柔を示すためである。敵に勝つのは力で勝つのではなく、徳で勝つのである。人を用いるのは使役のためではなく、練磨するためである。

二、戦争は最もやむを得ない手段であり、殺戮はそれが可能な状況下でも必ず最低の戦術に下げるべきで、うまく戦ったとしても天との和を最も傷つけるものである。慈愛の心と勇気によって国家国民を守るために戦い、自己の生命の犠牲も惜しまない人こそ本当の勇士である。

三、人はくれぐれも虚勢を張って武器をひけらかせてはいけない。くれぐれも人々の才知能力を発揮するべきで、これは不争にして勝つ目的であり、まさに天道に符合する。「不争の徳」も武器ではなく人の力を用いることで、昔から伝わる最高の行為の原則に符合する。

四、人柄は謙虚さを理解できて、余地を残せていれば、円満になれる。

五、指導する人はどんなことも自分ではしないから、自分が疲れ果てたりすることがなく、みんなのために舞台を開放させたいと願っている！

六、妥協と受容と寛容をよく学んで、簡単に考えを転換できる人生は、よい方向に向うことができて自分が成熟する人生を豊かにできる。

七、処世か仕事かに関わらず、商売か政治かに関わらず、成功したいと思うのならば必定なことが二つある。一つは忠誠、一つは勤勉である。もし忠誠と勤勉がなかったならば、一事も成し得ないで終わるのだ！

八、風水の最も核心的な原理は、「心生万法（心に生じることがすべてのもととなる）」である。人身に作用する最も上等な風水は三つある。一に心、二に口、三に行動である。命運の秘奥とは、大道がいたって単純なことである！

九、万事万物はすべて一種の振動形式であり、思想の振動周波数を変えると命運のプログラムも変わるので、生命は良好な状態に到達する。

十、修行の目的はまさに人生の実際問題を解決するためにあるのだか

ら、修行の道場は山林の中にはない。……家庭が私たちの道場、仕事が私たちの道場、身体が私たちの道場である。修行は自己に出会うためにするのである。

第69章　敵をあなどると、禍は大きくなる

第六十九章　軽敵大禍

ディーリウシージウジャン　チンディーダーフオ

用兵有言。吾不敢為主、而為客、不
ヨンビンヨウイエン　　　ウーブーガンウェイヂュー　アルウェイコー　ブー

敢進寸、而退尺。是為行無行、攘無臂、
ガンジンツン　アルトゥイチー　シーウェイシンウーシン　ランウービー

無敵、執無兵。禍莫大与軽敵、軽敵
ウーディー　ジーウービン　フオモーダーユィチンディー　チンディー

幾喪我宝。故抗兵相若、哀者勝矣。
ジーサンウオバオ　グーコンビンシアンルオ　アイヂョーションイー

　兵法家は言う、「敢えて自分のほうから攻勢を取らず、むしろ守ることを先にする。一寸進むよりも、むしろ一尺でも退く」。これは、戦闘体制が整っているけれども、配置を動かすい様子がなく、腕を奮って進撃しなければならないのに、腕を挙げる気配がない。敵に直面しても、打ちかかる相手もいない様子である。武器があっても、それを手にする様子もない。敵を輪の中に誘わないようにしているかのようだ。禍は敵をあなどるより大きなものはなく、敵をあなどれば、ほとんど自分たちの宝を失うことになる。だから、両軍が対峙したときは、悲しげで弱々しい方が勝つのだ。

一、有道者に対して言うと、自分の軍隊がどのくらい強大なのかと見せびらかす必要はなく、役に立つ時に実行すればよいのであり、これは『道徳経』第三十六章の「国の利器は人に示すべからず」に符合する原則である。

二、戦争は軽々しく始めてはならず、民生を重視し、大衆をより幸福

な生活に向わすことこそ最も有力な治国理念である。

三、本当の有道者は天下太平を希望しているが、戦争を抑える法則と技能も理解するべきで、それが勝利への道の理解である。戦争に対処するには、退ければすなわち退き、譲れるのならばすなわち譲り、塗炭の苦しみである大規模殺戮を免れるべく尽力することである。老子は反戦的ではあるが、やむを得ない戦争にあっては勝利しなければならず、最大の過失は「敵を侮り、うぬぼれてしまう」ことである。

四、『道徳経』の文化は「和諧」が核心である。軍隊は切迫する状況を防止するためにやむを得ず応戦する存在である。これは「慈愛、倹約、敢えて天下の先に立たない」（第六十七章）と完全に一致し、また、老子が述べる第六十八章の「天に匹敵する昔からの最高の道理」の考え方を継続してはっきり述べたものである。

五、「災禍は敵を侮ることより大きなものは無い」の中にある「敵」の字は、決して特定の敵人を指しているのではなく、外在する環境や意識や形態なども指しているので、どんな人も軽視してはならず、私たちの手中のどんな小さな事も疎かにしてはならず、これらも敵を侮ってはいけないことである。もしこのように実行できるならば、品格は最高になるだろう。

六、「自分から無理に攻勢を取らず、むしろ守勢にまわる」の句は大変重要で、これは身を処するには謙虚さをしっかり学んで弱さを示すべきであることを指している。私たちはいざこざやトラブルは起こさないが、思わぬ出来事が起きたら、能力と智慧によって国家と人々を守らなければいけないのである。

七、問題があっても急いで反撃する必要はなく、中を守り一を守って、退ければ退くのである。退くことによって力量を成長させる時、あなたが行う所のものはすべてあなたの身の上に返るだろう。

八、人にはみな二つの顔がある。一つは慈の顔、もう一つは罪の顔である。もし慈の心のある上級CEOならば、和諧が充満するだろう。もし罪を犯し易い上級CEOならば、すなわち狂気が充満するだろう。しっかり選んでください！

九、心の中に大愛がたっぷりある人は、あらゆる是非や不平不満を心の中に納めて浄化し、その上発する声は和諧させるものであり、一切の頑なな争議はこのようにして解決する。

十、胸中の恐れと怨み、いら立ちと不安はもし長期に堆積すると人体のある部分の具合が悪くなり、これが進むと身体全体の機能に影響するだろう。だから破壊的な考え方は、生命を損耗させ壊滅させる殺し屋なのである。

第70章　聖人の心の源

ディーチーシージャン　ションレンシンユエン
第七十章　聖人心源

ウーイエンシェンイーヂー　シェンイーシン　ティエンシアモーノンヂー
吾言甚易知、甚易行。天下莫能知、
モーノンシン　イエンヨウヅン　シーヨウジュン　フーウェイウーヂー
莫能行。言有宗、事有君。夫唯無知、
シーイーブーウオヂー　ヂーウオヂョーシー　ゾーウオヂョーグイ　シー
是以不我知。知我者希、則我者貴。是
イーションレンベイホーアルフアイユイ
以聖人被褐而懐玉。

　わたしの言葉はたいへんわかりやすく、たいへん実践しやすいのに、世の中にはこの道理を理解できる者がいず、実践できる者がいない。わたしの言葉には意味があり、行動には根拠がある。無知で素直な人に見られるように、実際的に自分を顕示しようとはしないし、自分の意見だけに固執しない。このような道理を理解する人ははなはだ少ない、大道を手本とする人は、更に得がたく、尊ぶべきだ。だから、聖人は、外面は粗末な衣装を身に着けているが、懐に美玉を抱くのである。

一、聖人とはどのような人ですか？　聖人は度量が大きく、諸事泰然、寛大にして遠大、社会に奉仕し、生命を熱愛する生き生きとした存在である！　聖人は粗末な服を着ていても懐には宝玉を抱えているが、ただ質朴なだけである。世俗の人は宝玉を着けていても懐は粗末で、ただ化粧を施したラベルと名声があるのみなのだ。

二、聖人と凡人の違いは、聖人は生命の実質と継続を重視するが、凡

人は生命の表象と一瞬の優曇華の花を重視する。

三、多大な事をして多大な功徳を積み重ねる人は、同時にまた、自分に功徳が漏れ出す管を取り付けてしまうが、これは自分でさえも不思議なことである。どうしていつも気持ちが自分の行為の後について来るのだろうか？　その中に解く鍵があり、これは言葉が水源の活水である本心に繋がっていないということである。だから「私の言葉には意味があり、行動には根拠がある」の句は、まさに古来より人が身をもって実践した経過から得られた智慧の結晶である。

四、大道はきわめて単純で、私たちの身辺に存在し、大道の修行は決して何も特別な所はない！　しかし多くの人の修道は往々にして道の光芒を好み、道の質朴な本質を忘却している。

五、老子は私たちが生活の中で常に見ている水、草、大海、天、家、容器、車輪、珍言、指導者などの人、物、事を用いて比喩を作る。このように最も素朴な言葉を用いて道に出入りするのであるが、これはまさしく大道がきわめて単純で、宇宙の最も奥深い生命規律であるからである。

六、徳がなければ道は顕れないし、道がなければ徳は通じない。これは生命が開花する経緯も同様であり、「言葉には 宗 がある」のことである。

七、身を処し事を為して全体を和諧することは、「百谷の王」を修めることで、精を聚め神を集めて、天命を長く養うのである。

八、時には発生そのものが結果であり、「受」は最も偉大な教育であ

る。傷ついて、痛んで、泣いて、疲れて、散じて、理解もするのである。

九、困難、挫折、ないし災難はみな上天の贈り物であり、道は逆境の中で錬成し、天が人に徳を送り福を加えるのも逆向きに来るのである。何故なら大変良いは悪いの先駆けで、大変悪いは良いの先駆けだからである。

十、一人一人はみな道から生じ、全世界は同根同宗的な運命共同体であり、人の終極的な修行目的は、「同体を大愛し、全世界は一家人である！」

第71章　認識の仕方

ディーチーシーイージャン　レンシーシンタイ
第七十一章　認識心態

ヂーブーヂー　シャン　ブーヂーヂー　ビン　ションレンブービン
知不知、上。不知知、病。聖人不病、

イーチービンビン　フーウェイビンビン　シーイーブービン
以其病病、夫唯病病、是以不病。

　知っていても知らないと思うのが最上で、知らないくせに知っていると思うのは欠点である。聖人にはこのような欠点はない。なぜなら聖人は欠点を自覚しているからである。まさに彼はこのような欠点を嫌うので、そこで欠点とはならないのである。

一、「知っていても知らない」とは何も知らないことではなく、単にそのように謙虚な方がよいのだと知っていることである。一個人の学識が豊富になればなる程、その人の態度は虚を抱く谷の若くになるのである。真に精通している大家は、見た感じは反対に「本当に真っ直ぐな物は曲がっているように見え、本当に巧妙な者は下手くそに見え、本当に能弁な者は口下手に見える」（第四十五章）という聖人の境地に達しているように見える。

二、聖人に欠点がないのは、自分の知識が有限なのを知っているからであり、いつまでも低姿勢を保って、すべてに謙虚で、謹慎しているように見えるのは、大智は愚のごとくで、知識を求めることに切実だからである。

三、あなたは毎日道によって自己を覚知できれば、心安らかに自在に楽しく暮らしていけるだろう。覚知は生命のマイナス面のプログラムをきちんと処理する切り札である。これは老子の言う「聖人はこのような欠点を嫌うので、欠点とはならないのである」のことである。

四、「欠点を嫌う」は絶え間のない「自らを知る」と「自らに勝つ」の過程であり、これは絶え間のない「静すればゆっくり清まる」と「動すればゆっくり生ずる」のことで、絶え間なく道に近づく過程である。聖人に欠点がないとは、常に主体的に欠点を嫌い、代価を払っても欠点をなくしているからである。

五、いかなる人もみな自分の行為を映す鏡なのだ！　人の長所を見て自分を励まし、人の短所を見て自分を反省する。

六、人生を成功させる第一の法則は、知っている事に対しては謙虚な態度を保ち、知らない事に対しては常に畏敬心を持つことである。

七、所謂自尊心を放下し自分の間違いを認める時があるが、これは放棄とは呼ばずに、成長と呼ぶのである。

八、不平不満を言うことは足かせになり、命運の足取りを阻害し、甚だしきは私たちを幸福から離れさせてますます幸福を遠ざけてしまう。

九、運動や修行に注意を払う時間がないと、最後には発病して入院する時がやって来る。生命と名利どちらが重要ですか？

十、生命は反響的であり、以下は大変威力的な四つの話である。第一、すみません。許してください、間違いました、私を許してください。

第二、すみません、私はあなたの助けが必要です。私を助けてくださ
い。第三、すみません、この部分が分かりません。私には学習が必要
なのです。第四、私の生命の成長のために、私は改変が必要なのです。

第72章　真の権威

第七十二章　真正権威
<small>ディーチーシーアルジャン　ヂェンヂョンチュエンウェイ</small>

<small>ミンブーウェイウェイ　　ゾーダーウェイヂー　　ウーシアチースオジュ</small>
民不畏威、則大威至。無狎其所居、
<small>ウーイエンチースオション　　フーウェイブーイエン　　シーイーブーイエン</small>
無厭其所生。夫唯不厭、是以不厭。
<small>シーイーションレンズーヂーブーズージエン　　ズーアイブーズーグイ　　グー</small>
是以聖人自知不自見、自愛不自貴。故
<small>チュビーチッツー</small>
去彼取此。

　もし人民が権威を恐れなくなると、大きな災難がやってくる。人民の生存する空間を狭めたり、人民のくらしを押さえつけてはいけない。人民を押さえつけなければ、人民から嫌われることはない。だから、聖人は、自分の立場をわきまえ、おのれを外にひけらかさず、自分自身を大切にし、自分を尊貴な立場に立たせない。だから、権威ある立場を棄てて聖人の立場を選ぶのである。

一、下方に位置するのは力量としては柔弱であるが、しかし巨大でもある。高貴な者は自分の表情や態度や言行を下辺に置くが、何故ならその方が生き生きとしていられるからである！

二、あなたのレベルと比べて低い能力を理解して好きになりなさい。人様の情熱に対しては、励まし、整合し、促成し、くれぐれも冷淡にしたり、抑圧したりしてはいけないのだ！

三、政治的な最高の境地は、国民が本当に「理想があり、道徳もある」

楽しい生活を過ごせることであり、そうして国民は幸福感と獲得感を持てるのである！

四、一人一人の活動はみな国家の法律体制に従うのは必須であり、国家の安全系統から離脱して勝手な行為をすれば、必ず問題が出て来るだろう。地球の運行さえもみな手順があり、系統があるのだから、人も必ずそれを遵守すると国家の支持も得られて、よい環境の中で生きて行けるのである。

五、本当の成功者には三大特徴がある。幸福な家庭の場、楽しい仕事環境、及び和諧的な社会の雰囲気である。あなたはいくつ創造しましたか？！

六、人の身体にはエネルギーの川の流れがあるようで、悲しみ、憤怒、嫉妬或いは邪悪がある時、それは塞がれてしまう。しかし愛の高周波数エネルギーが身体を流れる時、治癒力が発生する。

七、成功の秘訣は他の人が必要とする人物になり、人と競争しないこと。……これは不争の徳であり、かつて誰もこのような人と争うことはなかった。

八、生命の核心的概念は人に奉仕ができれば、自分が成長する満足感を獲得できるということである！　自分を封じ込める考えは萎縮し壊滅させる萌芽を含んでいる。

九、自分を別の人に変えるのは方法ではなく、自分を成長させるのはまさに力量である。全体を和諧させることは、一切の問題を解決する全面的な方法である。

十、家を綺麗に整理すると良い気分になるだろうし、心霊の庭を綺麗
に整理すると楽しく感じるだろう。人の最大の流儀は生命の灯を明る
くすることで、更にもう少し明るくすると、他の人も明るく照らし、
自分はますます温かくなるのだ！

第73章　悪事を働くと、必ず天罰が下る

<ruby>第<rt>ディー</rt></ruby><ruby>七<rt>チー</rt></ruby><ruby>十<rt>シー</rt></ruby><ruby>三<rt>サン</rt></ruby><ruby>章<rt>ジャン</rt></ruby>　　<ruby>天<rt>ティエン</rt></ruby><ruby>網<rt>ワン</rt></ruby><ruby>恢<rt>ホイ</rt></ruby><ruby>恢<rt>ホイ</rt></ruby>

ヨンユィガンゾーシャー　　　ヨンユィブーガンゾーフオ　　　ツーリアンヂョー
勇 於 敢 則 殺 、勇 於 不 敢 則 活。此 両 者、
フオリーフオハイ　　ティエンヂースオオー　　シューヂーチーグー　　シー
或 利 或 害。 天 之 所 悪、 孰 知 其 故。 是
イーションレンヨウシアンヂー　　ティエンヂーダオ　　ブーヂョンアルシャン
以 聖 人 猶 難 之。 天 之 道、 不 争 而 善
ション　　ブーイエンアルシャンイン　　ブーヂャオアルズーライ　　チャン
勝 、不 言 而 善 応、 不 召 而 自 来、 繟
ルアンアルシャンモウ　　ティエンワンホイホイ　　シューアルブーシー
然 而 善 謀。 天 網 恢 恢、 疏 而 不 失。

　勇気があって強がると、好い死に方はしない、勇気があっても強がらなければ生きる道はある。この二つの勇気は、あるものは利をもたらし、あるものは有害である。天が何を憎むか、誰が本当のことをわかるだろうか？　すなわち、聖人でもその判断は大変難しい。天の道理は、人と争わないでしかも人が自らこれを恐れ、もの言わないで自然に反応し、招かないのに自然に集まってきて、ゆったりしていながらうまく事を運ぶ。天の網は広大無辺で目が粗くても、長い目で見れば、何ものもとり逃がすことはない。

一、「勇と敢」の概念は往々にして狼と闘う強さを競い合うものであるが、その結果は他の人を殺傷するのではなく、自分を殺傷することになる。天道が提唱する「勇」は慈を前提とする所から生まれ、慈を根本とするのである。

二、まさに今人類の自然界に対する態度はすでに果敢な者の勇になっているのだ！　人類は天と戦い地と闘い、自然のバランスを破壊し、最終的には自分に致命的な災難をもたらすだろう。「勇にして敢えてせず」とは、「道」を堅守することに勇ましいということである。「敢えてせず」の意思はいかなる状況下に在ってもみな敢えて道を犯さないことである。老子は「敢」と「不敢」を平凡単純に説いているが、非常に重要な話なのである！

三、もし勇気が出鱈目な事をやみくもに行う上に立っているのなら、身体を殺す　禍 に遭遇するだろう。もし勇気が謹慎の上に立っているのなら、命を活かすことができるだろう。天道の「勇」は慈を根本とする所から来ていて、自然の規律は柔弱を貴ぶのである。

四、天網恢恢は無辺、無量、無私、博愛的な宇宙相互のネットワークと同様で、全体を和諧する運動である。もし天のこのような運動から離脱してしまえば、上天の御加護からも離脱してしまう。……宇宙には別なものはなく、愛があるのだ！

五、古い禍と福は自ら相随っているので、あなたの胸中の善なるものを守ることが鍵となり、善を保持することで全体と繋がり、これがまさしく道であり、これを「静黙が天道とつながる」と呼ぶ。天道が発するものは全体の反応と効果であるが、これは「招かないのに自らやって来る」のである。

六、是非や闘争を好む人が、最終的に傷痕累々となるのは必然で、これは因果の法則の「目には目を歯には歯を」のことである。

七、心霊に関する不必要な面倒事を放下して心情を単純にすれば、生

長する空間を持てるのだ！　出会うすべての人、創造するすべての事、湧き出るすべての感情は、みな私たちの生涯にわたる円満な修行の完成を助けるためである。

八、運命を更に良くする特別な方法は、いつも感謝、いつも謙虚、いつも全体の和諧、いつも精進、いつも立徳である！

九、生命のレベルは同一ではないし、見える世界も同じではない。無私を願う偉大な目標を打ち立てることは、旧態の遺伝子を優れたものに変えることになる。

十、あなた自身を大きく開け放つ時、最も先に入って来るのは光と愛である。あなたが第一に考慮するものが他の人の利益ならば、それは自分自身を成功させる磁石に変えさせてくれるのである。

第74章　刑典弁証

第七十四章　刑典　辨証

<ruby>民<rt>ミンブー</rt></ruby><ruby>不<rt>ウェイ</rt></ruby><ruby>畏<rt>スー</rt></ruby>死、<ruby>奈<rt>ナイ</rt></ruby><ruby>何<rt>ホーイー</rt></ruby><ruby>以<rt>スー</rt></ruby><ruby>死<rt>ジュヂー</rt></ruby><ruby>俱<rt></rt></ruby>之。<ruby>若<rt>ルオ</rt></ruby><ruby>使<rt>シー</rt></ruby><ruby>民<rt>ミン</rt></ruby><ruby>常<rt>チャン</rt></ruby>
畏死、而為奇者、吾得執而殺之、
熟敢。常有司殺者殺、夫代司殺
者殺、是代大匠斲。夫代大匠斲
者、希有不傷其手矣。

人民が死を恐れなくなれば、どうして死刑で彼らを威すことができようか。もし人民が死後の一連の恐ろしさを知っていて、それでも殺人、放火のような悪事を働く人は、捕らえられて法律に従い制裁を受ける。そうであれば、誰が敢えて自分で法律を破ろうとするものがいるか。法律は殺人を主管する専門部署を置いているが、もし法律を犯す者がいて、専門の部署に代わって殺すべきでない人を殺すのは、大工に代わってむやみに木を切るようなものだ。およそ大工に代わって木を切って、その手に怪我をしないものはない。

一、もし人が敢えて法律を犯さないようにするか、または法律を犯すことができないようにするか、または法律を犯す気持ちを起こさせないようにできれば、……これは大変重要な法治体系の建設であり、治国の根本であり、本章が提示する「人民が死を恐れなくなれば、どうして死刑で彼らを威すことができようか」の真義である。

二、政治の鍵は社会を和諧、友善、淳朴の民風で充満させることにある。政治の核心が庶民の利益を重んじれば、庶民は好き勝手に危険を冒したり、様々な悪事を働かなくなり、天下もこのように太平となる。だから「人民が死を恐れなくなれば、どうして死刑で彼らを威すことができようか」の核心は、政治について言っているのである。

三、老子はどうして「殺人」の問題を出して四つの殺の討論をしたのだろうか？　原因は老子が明らかに提唱した、「私には三つの宝があり、身につけて守っている。第一は慈愛、第二は倹約、第三は敢えて天下の先に立たない」にある。慈悲は生命の最大の愛護である。慈悲は人々に大道の理を用いて身を処し事を行わせるのである。慈悲の高く評価するところは、人と自然、人と家庭を和諧し平等にさせることである。

四、社会の安定、人々の安楽、犯罪の減少、凶悪事件の減少などの社会を実現するには、法治によることが大変重要ではあるが、「徳を以って国を治める」ことが根本なのだ！　『道徳経』のある部分はやすらいで調和する社会において根底的に重要な教科書と見なすことができるのである！

五、人を鞭打つべきではないということは人を鞭打ってはいけないのであり、大自然は自ずからまわるので、あなたの報いは自分にもどって来るのである。……これは生命の秘奥である！

六、私たちの胸中にある六つの灯りに点火すると、千年の暗、万年の愚を解くことができる。この六つの灯りとは、懺悔、寛容、祝福、祈祷、喜悦、奉愛である。

七、心が平らで気が和している時には節度があるが、心が浮いて気持ちが落ち着かない時でも自制できる人はどれだけいるだろうか？
個人の自制心とは、いかなる時でもみな静かに自身の心霊の声に耳を傾けられることを表している。

八、子供と交流することは、連接する最良の方式であり、自分を一人の子供にさせてくれる。

九、人生のバランスは事ある毎の堅持と御破算にある。

十、人は泣きながら人間になったが、笑って地球を離れるべきなのである。多かれ少なかれ人はこの世界を離れる時、みな痛苦、諦め、寂しさを携えて行くのだろうか？　人生には二つの事柄があり、一つはよく生きること、もう一つはうまく死ぬこと。感謝と愛があれば、新しい生命旅行のチケットと交換できるのである！

第75章　生を尊ぶより、生にこだわらず無為自然に

第七十五章　賢於貴生

ミンヂージー　　イーチーシャンシーシュイヂードゥオ　シーイージー
民之飢、以其上食税之多、是以飢。

ミンヂーシアンヂー　　イーチーシャンヂーヨウウェイ　シーイーシアンヂー
民之難治、以其上之有為、是以難治。

ミンヂーチンスー　　イーチーシャンチウションヂーホウ　シーイーチンスー
民之軽死、以其上求生之厚、是以軽死。

フーウェイウーイーションウェイヂョー　シーシエンユィグイション
夫唯無以生為者、是賢於貴生。

　人民が飢餓に苦しむのは、権力を握っている者が税をたくさん取り立てるから、そのため飢餓に苦しむのである。人民が治めにくいのは、権力を握っている者がやりたいほうだい振るまうから、そこで治めにくいのだ。人民が死を恐れないのは、権力を握っている者が贅沢三昧をするので、そこで人民は死を恐れないのだ。養生に執着しない人は、道にしたがう賢い人である。贅沢三昧しながら体を大切にする者より更に賢明である。

一、人の寿命は先天的に決定されていて、先天の心は道心であり、無心であり、自然の心である。このため養生は心を養うことに重きがあり、鍵となるのは清心寡欲で、これこそ生きることを求めずして長く生き、貪らずして道を固め、道が存在してこそ生を貴ぶことができるのである。

二、どうして現在こんなにも多くの人が富を得ていながら病を貴ぶの

だろうか？　これはみな生を貴ぶことによるのだ！　過度の養生は人生の災難であり、病に痛められる禍根にもなる。生きることに執着しないことこそ長く生きる最高の秘密である。

三、人生の至る所で感謝しなければならないと理解している人の力量こそは、真実の生長力なのである！　「わが身を度外視しながら、かえってその身を保全し、わが身を後にしながら、かえって先になる」（第七章）とは、より賢く生を貴び久しく治める方法である。

四、庶民の活力が厚くあってはじめて、まとめる者の活力は旺盛になれる。民生を貴び自己の生を軽くすると、民衆はより喜ぶことを厭わなくなり、これこそ社会の和諧を長く保つ長治久安の策である。

五、人であるわけは人として地球に来てここの生命大学に遊学していることで、これは自然界が人に与える千載一遇の機会なのだ！　道を為して日々損をしながら逆に功徳を積み重ね、これにより自己の生命の進む方向を一変させるべきであるかどうか、これは一人一人各自の生命の選択でもあるのだ！

六、人の才知はかなり高いが、道と比べたら取るに足りないくらい小さい。しかし上天（造物主）はできないものは何もないくらいの宇宙集体の智慧と、これを取っても用いても尽きないエネルギーを具有していると雖も、終始下に居るのである。まさに自己生存のためではないので、長生できるのである。

七、上位の人は指導することができて、一人一人が主人公になれる。あなたが上位にいると、あなたは与える人になる。あなたが低位にいると、他の人があなたに与えることになるだろうが、これは電位差の

原理である。もしあなたが指導者であって、依然として下に居ることができて、他の人があなたこそ一番競争できる人物だと気付かず、また、あなたが実際一番競争能力のある人だとしたら、状況は如何なるものであろうか、問わなくても知れたことである！

八、修行している人は疾病や不運がやって来た時でも気軽にあるがままにして、心に感謝していれば、その後で疾病や不運は転じて道の用になる。「これは私の修行の機会であり、障害をきれいに処理する機会でもある」。上天は人に福を加えるがそれは逆境の中から来るのである。

九、人生にまだ覚悟がないというのならば、握っている物が多ければ多いほど、最後にはますます苦しくなる！

十、光明の世界に在っては、暗黒中の一切の問題は本来存在しない。

第76章　柔弱に生きる

<ruby>第七十六章<rt>ディーチーシーリウジャン</rt></ruby>　<ruby>処柔処弱<rt>チューロウチュールオ</rt></ruby>

<ruby>人之生也柔弱<rt>レンヂーションイエロウルオ</rt></ruby>、<ruby>其死也堅強<rt>チースーイエジエンチアン</rt></ruby>。<ruby>万物草<rt>ワンウーツァオ</rt></ruby>
<ruby>木之生也柔脆<rt>ムーヂーションイエロウツイ</rt></ruby>、<ruby>其死也枯槁<rt>チースーイエクーガオ</rt></ruby>。<ruby>故堅強<rt>グージエンチアン</rt></ruby>
<ruby>者死之徒<rt>ヂョースーヂートゥー</rt></ruby>、<ruby>柔弱者生之徒<rt>ロウルオヂョーションヂートゥー</rt></ruby>。<ruby>是以兵<rt>シーイービン</rt></ruby>
<ruby>強則滅<rt>チアンゾーミエ</rt></ruby>、<ruby>木強則折<rt>ムーチアンゾーヂョー</rt></ruby>。<ruby>堅強処下<rt>ジエンチアンチューシア</rt></ruby>、<ruby>柔<rt>ロウ</rt></ruby>
<ruby>弱処上<rt>ルオチューシャン</rt></ruby>。

　人が生きているとき体は柔らかくしなやかであるが、死んでしまうと体は堅くこわばってしまう。万物草木も成長しているときは柔らかくしなやかであるが、死んでしまうと、枯れてしまう。だから、固くこわばったものは死者の仲間で、柔らかで弱々しいものは生者の仲間だ。それゆえ、武器を使って強がるものは必ず滅亡し、樹木も頑丈で強いものは切られて砕かれてしまう。およそ強大で強いものは下位につき、柔弱で控えめなものがかえって上位に立つのだ。

一、自然現象の中にある一種の規律を柔弱と呼ぶ。一、柔弱は生長の類に属している。二、修練における大変高い境地は柔弱である。三、自己に柔弱を保持させると、初めて生命の神聖な器として長く存在し、自己の生存を継続できるのである。だから、柔弱は天地の本性であると言うのだ！

二、柔和は開放型な大宇宙の各々のレベルの系統にとって、強大でしなやかな整合の機能を有していて、生命自身の系統内部に在って各種元素間の「組織されること」と「整合されること」を実現しているが、生命有機体が整合させているわけではない。生命有機体は「組織される性質」を必ず備えているのでこの環境の中で生存していけるのである。

三、生命の特徴は柔性と開放性を備えていることである。一人一人がもし家庭や企業や社会の中で融通できなければ、人には生存するすべがない。人類が長期に生存していこうと思うのならば、必ず環境との共同発展と、家庭、国、地球を愛さなければならず、全体がよくなって、初めて人類はうまくやっていけるのである！

四、生命の真相は絶対的部分、或いはひとまとまりの全体は決して存在しないことで、特別な個体としての生命は存在しないのだ！　生命の本身は無数の元素により組織されて成り立ったもので、だから「組織される性質」は生命の最も基本的特徴であり、「組織される性質」の前提は柔弱性であり、柔性の属性は開放である。

五、柔弱は決して軟弱無能で、人の言いなりや、人にやられ放題のことを指しているのではなく、物事の発展過程中の一種の状態である。これは物事の生命力が十分旺盛であることを指していて、まさに勢いよく発展する時期なのである。

六、本当の強者は柔弱で弾力性に富んだ人であり、赤ちゃんのように人を喜ばせる単純な人であってこそ、一番最後まで笑っていられるのだ！

七、柔弱なことをする人と思って軽く見てはいけません。ちょうど他の人があなたを眼中に入れないならば、それこそがあなたにとって生長する良い契機なのである。

八、剛強になってはいけません。……歯は堅硬なので抜け落ちるけれども、舌は柔軟なので長く保てる。これだから何事も行うには柔弱にするべきで、柔弱を守ってこそ本当の強大である。

九、まさに意識することは私たちの身体は私たちの身体ではなく、天下大衆の身体であり、大衆のために身体を奉仕している時、私たちは自我の小さな家を突破して、老子の説く「わが身に災いが降り掛ることはない、このことを恒常の道に従うというのだ」（第五十二章）というような長く安定する世界に進むのである。

十、身体について注意して見ると生命はただ 10％を占め、心のありさまが善と美を尽くすと 40％を占め、天性を発揮し真相を徹底的に究めると 50％を占める。身は物の根となり、心は徳の根となり、性は命の根となる。

第77章　天道と人道

第七十七章　天道人道

天之道、其猶張弓歟、高者抑之、下者挙之。有余者損之、不足者補之。天之道、損有余而補不足、人之道、則不然、損不足以奉有余。孰能有余以奉天下。唯有道者。是以聖人為而不侍、功成而不処、其不欲見賢。

　自然の法則は、譬えば弓ずるの矢を引っ張っているようなものではないか？　高いほうは力をくわえて低くし、低いほうは引き上げる。余ったものを減らし、足らないものを補う。自然の法則は、余ったものを減らし、それを用いて足りないところを補充する。ところが、往々にして人間のやり方はそうではない、足らないもを更に減らして、余っているところに捧げる。一体、誰が余ったものを世の中のために差し出すか？　自然の法則を守る人だけができることである。だから聖人は世の中のために良いことをしても、自ら徳があるとは言わず、大業を成就させても、成功者の地位に居すわらず、黙々と仕事をし、自分を誇示しようとはしないのだ。

一、天道の機能は天のバランス能力を実施することである。老子は弓の原理によって講述している。目標に狙いを定めると、弓の上の所は

低くなり、弓の下の所は高くもち上がって、力のバランスが取れている。みんなに教えていることは、自然対万事万物も各種の調整を進めているので、全体的自然体系はバランスがとれているのである。

二、大自然は「余ったものを減らし、足りないものを補う」的なバランス調節機能があるが、世の中では往々にして美しいものを更に美しいもので飾るような「足らない方を減らして、その分を余りある方に奉る」になってしまうのだ！

三、人のやり方はみな美しいものを更に美しいもので飾ることを好み、その結果は「ひどく物惜しみをすれば、必ず大いに散財するはめになり、多量に蓄えれば、必ずひどく失うはめになる」（第四十四章）。実際には天のやり方は減損に属し、人のやり方はみじめな結果の方に属している。あらゆる事柄は過度過分になれば、自然な道の決裁を受けるだろう。

四、「誰があり余っているものによって世の中に奉仕するのだろうか？ただ道を身につけた者だけがそうするのだ」。これは老子のはっきりとした自問自答なのだ！　人類社会が天下の目標である公を実現することは、歴史が発展する必然の趨勢である！　聖人は赤子の心を尽くし、名を挙げず、大げさに言わず、報いを求めず、功を成してもその場におらず、立派な成果を成し遂げても貪欲の念に占有されない。これらは社会に騒乱の象を出現させないことなのである。

五、もし人がすでに多くのものを持っているのと同時に勝手放題に「私は正しい、私はすごい、私には功徳がある」と始めようものなら、大自然は他のやり方を通してあなたの「我」を損耗させて無くすだろう。このようだから聖人は一切の努力を尽くしても自分の力を恃まず、

成し遂げた所があってもその功績に居座らず、これを不言の教えとすることは、無為にして治める手本である！

六、自分の殻に閉じこもり社会と融和せず、他者との関係の中で成長することを望まないのは、自我を絞め殺すことでもある。

七、争わないようにするには、足枷を避けることが最も有効なことであり、その後で足取りを停めることなく前進させるのがよい方法である。

八、人が自己の内心深い所を細かに観察する時、初めて視野がはっきりしてくるだろう。外を見る人は空想する者であるが、内を見る人は冷静な者である。

九、目の前の制限の中から超脱できると、あなたは確実に遥か遠くにある喜悦のことを思うだろう。

十、公益的な職責は一人一人の良心を確実に呼び覚ますことである。喜捨行為では本当に変化するのは喜捨を受ける人ではなく、喜捨をする人である。……あなた自身なのです！

第78章　正しい言葉は逆のように聞こえる

第七十八章　正言若反

天下莫柔弱於水、而攻堅強者莫之
能勝、以其無以易之也。弱之勝強、
柔之勝剛、天下莫不知、莫能行。是
以聖人云。受国之垢、是為社稷主。
受国之不祥、是為天下王。正言
若反。

　この世に水より柔らかで弱々しいものはない。しかし、固く強いも
のを攻めるには、水にまさるものはない。それはいかなるものも水の
柔弱な性質を変えられないからである。弱いものが強いものに勝ち、
柔らかいものが固いものに勝つことは、世の中に知らぬものとてない
が、それを実行できるものははなはだ少ない。だから、聖人の言葉に
こうある。「恥辱を引き受けるものは、人心の向かうところの指導者
となり、不幸を引き受けるものは、天下の王という」。本当に正しい
言葉は反対のことを言っているように聞こえるものである。

一、柔弱は無形の宇宙の手と同様に、巨大な威力を実行して、世界万
物の秩序を整然なものにしている。柔性な思惟が一旦家庭の思惟にな
れば、この家族はきっと家も万事も盛んになる。

二、剛性の構造を取り立てて強調する必要はなく、柔性による転換と解体には必然的にもっと大きな生長力があるのだ！　水は最も柔弱的で、最も堅強で、最もすごいもので、柔は剛を制することができるのだ！

三、もし私たちが剛強の有益さを見て柔弱の有利さを見ないならば、認識する上でのバランスを失い、そのため必ず行動する上でもバランスを失うだろう。更に一歩進んで人々が自私自利のために絶え間のない闘争に及べば、その結果は人類全体のバランスを破壊し、最終的には大自然のバランスをも破壊するだろう。……他の人を葬ると同時に自分も葬ることになる。

四、人の精神は肉体にとっては柔弱的であり、もし精神的作用を軽視してよいとするならば、何でもみな肉体的満足に重きをなしてしまい、そのような人は必然的に感覚器官のようになり、欲望の奴隷になってしまうのだ！　現在病気の人がますます増えているが、その中の多くの原因は過度の飲食と遊楽にある。

五、人は謙虚になればなるほど、低調になればなるほど、本源に直入すればするほど、事理に明白になればなるほど、戦っても勝ってはいけない。

六、内心が本当に強大な人は、生活が透明、謙虚、低姿勢で、水と同じような人である。

七、程度の低い人は他の人が自分の能力を知らない事を恐れている。程度の高い人は他の人に自分の能力を知らせるつもりはなく、黙々と新しい境地を支えていることこそがその確かな道理である。

八、人生の旅の途中に起きるあらゆる危機と挑戦は、みな私たちの意志を練磨するものである。人生は見えない柔性の手が支配する所であり、一に道、二に徳である。道徳は宇宙本源の中で最も偉大なもので、向かう所の一切の事物に生命を注入し、生命をバランスの取れたものにさせる。

九、時としてあなたは窓の外に飛び出さずにはいられないが、その後墜落の途中で羽が生え出すだろう。しかし空中になど飛び出さずに、行動の中で自己を磨くべきなのだ。

十、死亡は生命が肉体という古い衣服を脱ぎ捨てることであり、他の宇宙での生死という重大な出来事に向って歩いていく。鍵は私たちに功徳があるかないかであり、功徳が自分に法悦や静けさや幸福を見たり聞いたりさせてくれるのである。

第79章　天道には依怙贔屓はない

<ruby>第<rt>ディー</rt></ruby><ruby>七<rt>チー</rt></ruby><ruby>十九<rt>シージウ</rt></ruby><ruby>章<rt>ジャン</rt></ruby>　　<ruby>天<rt>ティエン</rt></ruby><ruby>道<rt>ダオ</rt></ruby><ruby>無<rt>ウー</rt></ruby><ruby>親<rt>チン</rt></ruby>

<ruby>和<rt>ホー</rt></ruby><ruby>大<rt>ダー</rt></ruby><ruby>怨<rt>ユエン</rt></ruby>、<ruby>必<rt>ビー</rt></ruby><ruby>有<rt>ヨウ</rt></ruby><ruby>余<rt>ユイ</rt></ruby><ruby>怨<rt>ユエン</rt></ruby>。<ruby>安<rt>アン</rt></ruby><ruby>可<rt>コー</rt></ruby><ruby>以<rt>イー</rt></ruby><ruby>為<rt>ウェイ</rt></ruby><ruby>善<rt>シャン</rt></ruby>。<ruby>是<rt>シー</rt></ruby>
<ruby>以<rt>イー</rt></ruby><ruby>聖<rt>ション</rt></ruby><ruby>人<rt>レン</rt></ruby><ruby>執<rt>ジー</rt></ruby><ruby>左<rt>ズオ</rt></ruby><ruby>契<rt>チー</rt></ruby>、<ruby>而<rt>アル</rt></ruby><ruby>不<rt>ブー</rt></ruby><ruby>責<rt>ゾー</rt></ruby><ruby>於<rt>ユィ</rt></ruby><ruby>人<rt>レン</rt></ruby>。<ruby>有<rt>ヨウ</rt></ruby><ruby>徳<rt>ドー</rt></ruby><ruby>司<rt>スー</rt></ruby><ruby>契<rt>チー</rt></ruby>、
<ruby>無<rt>ウー</rt></ruby><ruby>徳<rt>ドー</rt></ruby><ruby>司<rt>スー</rt></ruby><ruby>徹<rt>チョー</rt></ruby>、<ruby>天<rt>ティエン</rt></ruby><ruby>道<rt>ダオ</rt></ruby><ruby>無<rt>ウー</rt></ruby><ruby>親<rt>チン</rt></ruby>、<ruby>常<rt>チャン</rt></ruby><ruby>与<rt>ユィ</rt></ruby><ruby>善<rt>シャン</rt></ruby><ruby>人<rt>レン</rt></ruby>。

　根深い深刻な怨みを和解させても、必ずあとまで怨みが残るものである。それでは決して善い方法とは言えない。だから聖人は借金の証拠となるものを持っていても、厳しく取り立てて人を困らせるようなことはしない。徳あるものはいつも大変寛容に契約を管理し、徳なきものは専ら厳しく迫る仕事に従事する。自然の道は、いかなる人も親しいか、親しくないかで区別することはなく、いつでも善人や有徳の人の味方をしている。

一、「天道に依怙贔屓はなく、いつでも善人に味方をする」の善は、水と同じように万物を利して争わず、かつ功を争って顕示せず、自我も標榜しないのである。対人、対諸事においては終始「善良な人には、私も彼を善良な人として待遇し、善良でない人も、私は彼を善良な人として待遇する」のである。（第四十九章）……このように善行は道と徳に合するのである。

二、根深い恨みを解くには柔弱な仁愛を守る必要があり、安易に殺意を動かしてはいけない。矛盾の解決には問題の萌芽状態の時にするべ

きで、激化してから事後対策をして再度の失敗を防ぐようなことを考えてはいけない。

三、あまり好きでない人でも善く対応できる事は決してあなたの虚偽を表わしているのではなく、あなたの内心が成熟して好きでない事でも受け入れられることを意味している。

四、私たちはつまるところ命をもって償うような恨みの世界を選ぶのか？　それとも徳をもって怨みに報い、暖かな友愛の充満する世界を選ぶのか？　この二つの選択のうち、どちらが他の人と自分に対して好ましい所があるのだろうか？　答えは許すことが他の人を祝福することであり、許すことがないくらいまで許すことは自分の生命の祝福でもあるのだ！　許すことは立徳になるのである！

五、言い争いや矛盾を生じさせて、先に「すみません」と言う人は決して負けを認めたわけではなく、ただその人の度量が相手よりも大きいのである。上善の行いは積徳になり互いに恨みを抱かせないのである。

六、ある人やある事柄を恨んだ時、私たちはまさに自分をそれらと同じ場所に縛り上げてしまう。しかし決して恨みは相手を傷つけるとは限らないが、たぶん自分を傷つけるだろう。

七、一人一人はみな自分のやり方で「永く変わらない道」に近付くが、どの路が比較して良いのだろうか？　異なる路も同じ場所に帰るので、自分の路を行けばよいのである。

八、道は広々として無辺であり、存在しない所はなく、道理も根拠も

あり、行ってよし用いてよし、あなたの持つ徳によって好運の門を叩いて開くのです。

九、順縁と逆縁はみな私たちの必修科目である。あなたを愛する人はあなたに感動を与えるし、あなたが愛する人はあなたに捧げることをしっかり学ばせるだろう。あなたが好きでない人はあなたに寛容と受容を教えるだろうし、あなたのことを好きでない人はあなたに自省と成長を促すだろう。

十、よい信仰はあなたに自己を失わせたりはしない。『道徳経』を読むことは自己を探すためであり、これはまさしく智慧と迷信の間の区別である。

第80章　和やかな社会

第八十章　和諧社会
ディーバーシージャン　ホーシエショーホイ

小国寡民、使有什伯之器而不用、使民
シアオグオグアミン　シーヨウシーバイヂーチーアルブーヨン　シーミン

重死而不遠徒。雖有舟与、無所乗
ヂョンスーアルブーユエントゥー　スイヨウヂョウユィ　ウースオチョン

之、雖有甲兵、無所陳之。使民復結縄
ヂー　スイヨウジアビン　ウースオチェンヂー　シーミンフージエション

而用之。甘其食、美其服、安其居、楽其
アルヨンヂー　ガンチーシー　メイチーフー　アンチージュ　ローチー

俗。鄰国相望。雞犬之声相聞、民
スー　リングオシアンワン　ジーチュエンヂーションシアンウェン　ミン

至老死、不相往来。
ヂーラオスー　ブーシアンワンライ

　小さな国で少ない住民、さまざまな器具があっても使わないように
させ、人々に安らかに暮らし、楽しく仕事に励むようにさせ、死ぬま
で遠くの他の村に行くなどと考えさせない。車や船の便があっても、
乗る必要はなく、よろいや武器があっても、それを誇示する必要がな
い。あたかもまた単純で誠意に満ちた和やかな時代を回復したと人々
に感じさせる。国家もうまく治まり、人々は自分たちの食べ物をうま
いと思い、自分たちの衣服に満足し、自分たちの住居に落ち着いてい
られ、自分たちの習俗を楽しいとする。隣接した国家はお互いに見よ
うと思えば見ることができ、鶏や犬の鳴き声がお互いに聞こえる。人々
は年老いて死ぬまで、互いに侵略しようなどとは考えない。

一、「単純で誠意に満ちた和やかな時代を回復したと人々に感じさせ
る」ことは、決して科学技術までも用いないと説いているのではなく、

また社会全体の進化が逆転するべきでもなく、老子は人々が正直で単純素朴な道徳信仰に戻ることが更に重要であると強調したのだ！　人々の安心感、達成感、幸福感がとても重要である！　すなわち、自分たちの食べ物をうまいと思い、自分たちの衣服に満足し、自分たちの住居に落ち着いていられるという、和諧（やすらいで調和する）し高尚な道徳文化の信仰である。

二、人類は文明を創造したが、人類は文明を壊滅しつつもあり、自然大道に回帰することが人類自身を救うのである。人々は平安でもの静かな生活を願っていて、郷里を遠く離れたり、更には冒険死や自殺なども願ってはいない。甚だしきは戦艦、戦車、国家の武器や精鋭部隊が国家の中にあっても使い道がなく、これは老子が描くやすらいで調和している社会の清らかな山水画である。

三、もしあなたが『道徳経』を「万経の王」と認めたならば、然る後にその他の経典を認めなくなり、どんな経典もかえってあなたの最大の障害になるかも知れない！　老子は宗教を創造したのではなく、私たちに「大自然を師とする」ことを教えた。私たちの生命は何某_{なにがし}かのために修めるのではなく、大愛的生命のための存在である。この様にあなたは事柄の真相を体験し、心霊の奥深い所から流れて来る楽しさを体験できるのである。

四、和諧の核心的内容は、和諧する社会は私の責任、和諧する企業は私の責任、和諧する家庭は私の責任、和諧する心身は私の責任、……和諧は生活の中に在る。

五、生命の本身は死亡の種子を包含し、死亡の本身は生命の種子を包含している。人生の最大の出来事は生死であり、死亡をはっきり悟る

ことはより有意義に生きて行くためである。

六、生命の強大さは苦難を体験した事に在り、生命の喜悦は人々に奉仕する事に在り、生命のエネルギーは社会を利益する事に在る。

七、他の人を気持ち良くする能力は一種の和諧的な柔らかな実力であり、その能力は内在する愛と善良さから来るもので、これは一種の内から外へ発散する高貴さでもある。

八、あなたの大きな気をよく養生すると、今後必ず好運があるだろう！

九、富と財は一時的に預かっているもので、あなたがそれを携えて行くことはできない。名誉は一筋の流れていく光で、あなたはそれを留めるすべがない。生命は一本の長い川が流れる過程で、あなたはそれを停められない。

十、本当に真面目に『道徳経』を学び用いる人は、きっと愛国、敬業、誠実、友善、文明、和諧などを尊重する社会的価値観を持つ人である。『道徳経』を学び用いる指導者は、きっと自国に忠実で全精力を傾けて人々に奉仕する人だろう。『道徳経』を学び用いる公民の人は、きっと規律に従い法令を守り、一つ一つの事柄によく対応するだろう。『道徳経』は和諧社会の根底である。

第81章 為して争わない

第八十一章　為而不争
（ディーバーシーイージャン　ウェイアルブーヂョン）

信言不美、美言不信。善者不辯、
（シンイエンブーメイ　メイイエンブーシン　シャンヂョーブービエン）
辯者不善。知者不博、博者不知。
（ビエンヂョーブーシャン　ヂーヂョーブーボー　ボーヂョーブーヂー）
聖人不積、既以為人己愈有、既以与人
（ションレンブージー　ジーイーウェイレンジーユィヨウ　ジーイーユィレン）
己愈多。天之道、利而不害。聖人之
（ジーユィドゥオ　ティエンヂーダオ　リーアルブーハイ　ションレンヂー）
道、為而不争。
（ダオ　ウェイアルブーヂョン）

　真実を述べる言葉は美しくなく、美しい言葉は真実を述べていない。善人は自分のことを弁明しない、自分のことを上手に弁解する人は善人ではない。本当の知識のある者はわざわざなんでも知っているなどと誇示しない。わざわざ何でも知っていると誇示する者に本当の知識はない。聖人は自分のために貯めこまない。何もかも他人のために奉仕しながら、自分の物はますます増え、何もかも人に与えながら、かえって自分の物はますます多くなる。大道の本性は、ただ利益を提供するだけで、損なうことがなく、聖人の徳性は、人を援助するだけで、人と争うことがない。

一、老子は中国歴史上はじめて「真実を述べる言葉は美しくなく、美しい言葉は真実を述べていない。善人は自分のことを弁明しない。自分のことを上手く弁明する人は善人ではない。本当の知識のある者はわざわざ何でも知っているなどと誇示しない。わざわざ何でも知って

いると誇示する者に本当の知識はない」という「真善美」の概念を提示した人である。更に「美」の表象と、「善」の動機と「真」の本質の統一が達成できると、千教万教は人に求真求実（真実を求め、実際も重んじる）を教え、千学万学は真実の人生を送ることを学ばせると主張した。

二、「聖人は自分のために貯めこまない」とは、人類が地球の生命大学にやって来て天命に従って歩む過程の「生育させても所有せず、恩沢を施しても見返りは求めず、生長させても支配しない」（第十章、五十一章）のことを説いている。人は生命の学業課程を通して自分の変化を考察する中で自己の玄徳を修め、まさに地球を旅行する生命ビザを獲得して天命を完成した後、私たちは本来の麗しい星に回帰するのだ。

三、「聖人は、為して争わず」とは黙々と行い、黙々と奉献しても、いつも衆生に対して、名を挙げることを争ったり、功労を奪ったり、出しゃばったりはしないのである。衆生から重視されたり、肯定されたり、自分の身分と地位を向上させたりと思うことも行うこともしない。……聖人はこんなふうあんなふうにと考えるはずもなく、当然行うべきことを行うだけである。

四、聖人のやり方はいつも万物を利益し、いつも休むことなく人のために行い、人に与えるやり方である。聖人に小我はなく、ただあるのは全体を和諧する大我と無我である。もし人がただ満足するために目の前のものを過度に享受してしまえば、生命の終わりは決壊して災いを招く時となる。

五、大自然全体が見せる特性は衆生を利益してもそれは無条件のもの

であり、利して害さずなのである。しかし一般衆生の愛の背後には条件があり、掴み取るものがあり、求める所があるのだ。あなたの愛の中に掴み取るものがあり、条件があり、或いは自己の有徳のためならば、あなたの心は大変重苦しくなり、最終結果は無徳になるのである。

六、美しい話は耳に心地良い時があるけれど、自分を害してしまう。真実の話は聞いて快くはないけれど、終身愛用することになる。だから、聡明でよく弁が立つことは人を満足させるが、長久と言うわけにはいかない。

七、生命旅行中の危機は言葉の危険に過ぎるものはなく、災いの極めて大きいのは人によるものではなく言葉の災いによるのである。口を閉じていることは命を保つことでもある。老子の説く所は、一に言葉に信を持つべしで、華美なせりふで人に媚びてはいけない。二に心に良善を持つべしで、口先だけのうまい話で人を騙してはいけない。三に正しい知識と卓見を持つべしであるが、広く深い知識を鼻にかけて人を翻弄してはいけない。

八、本当の強者は他の人を押し倒したりはせず、倒れている人を助けて起こす人である。

九、退いた後が一種の境地となり、全体が和諧する環境を建設し、更に多くの生命に精彩を解き放たせる。……他の人を成就させることが自己も成就させるのである。

十、『道徳経』を学んで用いることは、美しいものの表象であり、善行の動機であり、真の本質が統一されることであり、私たちを真実の人、和諧し他を利する人にさせる。

訳者あとがき

　本来あとがきは著者が執筆するものでありますが、趙妙果氏の依頼により私があとがきを書かせていただくことになりました。以前、私は趙妙果氏の著作『道徳経を学ぶ』（明徳出版社）を読みましたが、よくここまで書けたなあという印象を得たのである。六百頁近くある厚い本を興味深く読んだが、今まで読んだ解説本にはないことが色々と書かれていた。私は道院で神聖仙仏が降ろした訓文等で道について学んでおりますが、著者が述べる内容は語句こそ異なるものの訓文と同じ意味のことが多く書かれていたのである。その内容は本書でも注意深く読めばおのずと分かるはずである。ちなみに道院の訓文では、「『道徳経』は道の真の主旨を明らかにしている」と説かれている。

　本書の第一章の十に、「老子哲学の最大の特徴は人に生命的な幸福感と獲得感を生み出させること」と書かれているが、初めにこの箇所を読んだ時は驚いた。私は『道徳経』は老子の哲学書と思っていたので意外な記述だったのであるが、自序をよく読めば理解できたのである。

　「何回か『道徳経』を朗読した後で、ゆっくり読み始めてみたら自分のことが分かるようになった。自分の閉鎖的で狭量な利己的一面に気付いて、胸の底から嬉しさがこみ上げて来たのである。数年間病気で苦しんだ私は一気に解放され、心身共に健康で気持ちが良くなった。そのため、私は『道徳経』をあらゆる縁のある人々に広めることを願った」と書かれてある。「自分の閉鎖的で狭量な利己的一面に気付いて、胸の底から嬉しさがこみ上げて来た」という記述は、仏語の「直指人心、見性成仏」ということの個人的な表現ではないだろうか。著

者は『道徳経』に出合う前に仏教も学んだそうですが、仏教では体験できなかったことを『道徳経』で体験できたということに思えます。見性とは本性を明らかにするということのようですが、胸の底から嬉しさがこみ上げて来るような感覚の中で明らかになるのかも知れません。著者はこの体験により病気から解放され、『道徳経』を人々に広めることを願われたわけですが、著者の幸福とはこのようなものだったので、これが第一章の記述に繋がったものと思います。『道徳経』を読んでこのようになる人は多くはないかも知れませんが、少しでも体験して幸福になって欲しいというのが著者の願いだと理解できます。

　本書は『道徳経』から学んだことを実生活中に用いて自ら成長し、自分の人生を幸福で有意義なものにする実用書でありますが、趙妙果氏は何を最も尊重しているのであろうか。それは自序の最後にあるように「和諧（やすらいで調和すること）」ということである。人は社会、家庭、企業、心身と和諧する責任があるとありますが、その前提が個人の幸福なのです。

　さて私たち『道徳経』の読者にとって最も興味津々な老子の言葉は何であろうか。それは「道は常に無為にして、為さざるは無し」ではなかろうか。かつて私自身、どうして無為にしてそうなるのかと疑問に思ったものである。『道徳経』の解説本では、そのまま「何事もしないで」と訳していたり、または「特別な事はしないで」と解説していたりである。著者は第六十三章で「無為とは、自分の意志で大それたことを企ててはならず、物事の改変は客観的属性によって為されることを指しているので、小さな容易なことから着手すればよい」と書いて、悟道の心得として小さな事の大切さを説いている。

　老子は第五十一章で「道が万物を生み、徳が養い、物として形を取り、働きを持つものとして完成する」と説いた。徳を具えていれば、殊更なことはしなくてもうまくいくということである。考えてみると、

この世界は何事も時間の経過と共に変化し進行していくのである。植物は種から芽が出て葉を茂らせ実を着けて完成し種を残すことになっている。この世界はそのようになることを思わなくても、そのようになるように出来ていて、だから無為自然と言うのではないでしょうか。同様に人も生まれて成長しやがて死ぬのであるが、「よく生きて、うまく死ぬ」ことがなかなか難しい。それは人であるからこその難点が色々あるからだろう。本書は老子の説く事柄をもとに、欲に代表される人の難点の解決法を悟道心得としてまとめた実用書であるとも言えます。

　この本は押手信子氏と瀧澤愛倖氏の多大な協力のもとで翻訳を完成しました。『道徳経』の81章すべての本文とその訳文は『道徳経を学ぶ』から引用しています。押手信子氏は趙妙果氏の弟子で信息拳の名手でもありますが、全体をみていただきました。瀧澤愛倖氏には特に自序を訳していただきました。一年近い期間共に楽しく研鑽できたことに感謝しております。校正においては、明徳出版社の佐久間保行氏に大変お世話になりました。本の出版に際しては中国上海道徳経愛好者の有志八名と、陣内保子氏、大平健（徐健）氏がその費用を寄付されました。そして何よりも翻訳を一任してくださった趙妙果氏に深謝致します。

2021年1月　田畑　治樹

連絡先

田畑　治樹　es.tabata@jcom.zaq.ne.jp

押手　信子　yashou_xinzi@yahoo.co.jp

瀧澤　愛倖　longzeaixing@gmail.com

道徳経悟道心得

2021 年 9 月 7 日　初版印刷
2021 年 9 月 21 日　初版発行

著　　　者　趙　　妙　　果

訳　　　者　田　畑　治　樹

発　行　者　佐　久　間　保　行

発　行　所　㈱明徳出版社

〒167-0052　東京都杉並区南荻窪 1-25-3
電話 (03) 3333-6247　振替 00190-7-58634

印刷・製本　㈱明徳

乱丁・落丁の場合はお取替えします。ISBN978-4-89619-978-9